Desejo de Felicidade $ Sexo

Na leitura deste livro, uma caneta marca-texto na mão, as letras entre linhas, risque e rabisque em busca de felicidade. Os caminhos são sinuosos, a fantasia diverge da realidade. Entregar-se com paixão e sem cautela é o que acontece. Lembre-se, a vida a dois prevalece, mas tem seus efeitos...

CIP-BRASIL. CATALOGAÇÃO NA PUBLICAÇÃO
SINDICATO NACIONAL DOS EDITORES DE LIVROS, RJ

P667d

Pieczykolan, Eder, 1962-
Desejo de felicidade e sexo / Eder Pieczykolan. - 1. ed. - Mauá [SP] : Letras do Pensamento, 2023.
312 p. : il. ; 23 cm.

Inclui bibliografia
ISBN 97865-89344278

1. Relações humanas. 2. Casamento. 3. Sexo (Psicologia). 4. Técnicas de autoajuda. I. Título.

23-84296 CDD: 152.41
CDU: 316.8:392.61

Gabriela Faray Ferreira Lopes - Bibliotecária - CRB-7/6643

31/05/2023 07/06/2023

Eder Pieczykolan

Desejo de Felicidade $ Sexo

1ª Edição – 2023 – Mauá – SP

Letrasdo Pensamento

Imagem e Produção da Capa: *Sofia D. Pieczykolan*

Montagem da Capa e Diagramação Miolo: *@armenioalmeidadesigner*

Revisão: *César dos Reis e Paulo Ribeiro*

Revisão de Conteúdo: *Iara Dalenogare*

Imagem página 302: *Antônio Pedro Alcântara (Campo Grande – MS)*

Editor: *Claudio P. Freire*

1ª Edição - 2023 - Mauá -SP

Letrasdo Pensamento

Rua Eduardo Prado, 28, Casa 1 -Vila Bocaina
CEP: 09310-500 - Mauá - SP
Telefone/Fax: (11) 3107-6501 - (11) 9-9352-5354
Site: www.letrasdopensamento.com.br
E-mail: vendas@letrasdopensamento.com.br

Impresso no Brasil

Apresentação

Este livro nasceu da experiência profissional no exercício da advocacia, empírica, e da prazerosa bagagem da vida noturna que me proporcionou o privilégio de viver os suculentos mistérios da noite, com a segurança do caminho reto. Tanto a noite quanto a profissão como advogado trouxeram o conhecimento para poder exprimir a realidade, com relação às interferências negativas e positivas do antes, durante e depois do casamento. Tudo no sentido de contribuir com as conquistas a dois e a manutenção sexual, fortalecer o autoconhecimento, proporcionar e facilitar a livre escolha sem interferências das virtudes enganosas da sociedade do politicamente correto no comportamento sexual, conhecer a verdadeira potencialidade e as limitações do seu interior. Contudo, deve-se evitar equívocos e ajudar na manutenção sexual ativa, com o benefício da idade apropriada, nos caminhos sinuosos da sexualidade.

O tempo, como um relâmpago, com a influência negativa da evolução, interveio de maneira abrupta, levando-nos à difícil compreensão do caminho pretendido da boa educação e, por consequência, à falta de perspectiva para a formação na transição do século XX para o século XXI, o que escrevi de maneira bastante enfática em 2021 no livro "As 3 Fases da Vida com Sucesso". Com isso, revelaram-se a dificuldade e agravamento não apenas de ordem pessoal, familiar, mas, infelizmente, também de ordem social.

Crédulo na perseverança da união pelo casamento, creio que as dificuldades são apenas uma pedra a mais no caminho para quem diuturnamente busca o aconchego da família. Sigo confiante na manutenção não só da instituição, mas na certeza da permanência do casamento nos conceitos da tradição.

Sobre o que escrevo: não apenas sobre as dificuldades e dramas de clientes em consequência das questões jurídicas e outras situações, mas sobre o casamento precoce, intimidade, amizade, desejos, frustrações, sujeição no casamento, vulnerabilidade sexual e, por consequência, descontentamento sexual.

Escrevo sobre as minhas experiências da vida noturna, relacionamentos e consequências negativas e positivas de namoros, sem medo de ser feliz devido às objeções sacramentadas da sociedade de ser solteiro por longo tempo e viver nos delírios da noite, contrário aos dogmas de hipocrisia estabelecidos pela sociedade.

Contudo, observei problemas de fácil resolução de situações simples do cotidiano que levam o indivíduo ao desespero em busca da separação, desrespeitando o bem-estar emocional, trazendo prejuízos à saúde física e mental.

Considerando a visão individual, as realizações, escolhas e projetos de vida, não temos a pretensão de esgotar um assunto polêmico, inerente a este tempo e passível de muitas discussões. A tentativa é de melhorar a compreensão, diminuir os erros e proporcionar maior número de acertos, alertar a sensibilidade do leitor, com relação ao bem-estar, e evitar o desgaste desnecessário de enfrentamento judicial, visando ao resultado prático e objetivo.

A vaidade e orgulho levam a vida ao caos. Você deve se preocupar menos com os rótulos e dar importância aos verdadeiros valores ao lado da pessoa certa para o casamento. Expor o seu verdadeiro eu, deixando a vocação do interior de sua alma manifestar-se para as suas realizações. Assim, convicto ou insatisfeito com a separação, é merecedor de um novo plano de realização em sua vida. Acredito, na minha essência e com este pensamento, contribuir para manter a tradição desde o berço até o enlace matrimonial, no seu tempo.

Enfatizo as oportunidades do casamento com uma analogia sobre a rosa. O **Antes:** o ***"perfume"*** que exala e encanta a expectativa pelo futuro na suavidade e beleza das incertezas do coração, como se fosse apenas uma rosa atraente por desabrochar; **o Durante:** nas ***"pétalas"*** permanecem os aromas, a realização almejada, o zelo e cuidados na manutenção da escolha da sua cara-metade. Com o tempo, as pétalas murcham e caem! Por isso, os cuidados para a manutenção da união; **o Depois:** os ***"espinhos".*** A linda rosa é sustentada por um caule, nele há espinhos como se quisesse proteger as majestosas pétalas lá no alto, na tentativa da manutenção dos sonhos do durante, que não suportou. Os espinhos causam ranhuras e, com as intempéries do tempo, podem fazer sofrer. A consciência e determinação nas decisões a serem tomadas, pensar no futuro sem ansiedade: o amadurecimento há de prevalecer.

O Autor

Prefácio

Algumas coisas na vida nos pegam de surpresa. Foi exatamente assim que me senti quando me deparei com o convite para participar deste livro. Eu não tinha menor ideia do que esperar, mas, ao começar a ler, fui me transportando para um mundo que realmente me encanta: relacionamentos, vivências e sexualidade.

O livro que tem em suas mãos não é apenas uma produção aleatória mas sim uma experiência de vida trazida à luz para o conhecimento de todos os que se propuserem a imergir nesta coletânea de novas e até antigas descobertas em todas as fases da vida. Descobertas estas que nos fazem olhar para um futuro repensando em algumas de nossas decisões do passado por diversas vezes, mas, com total liberdade, desfrutando da vida, o que é sugerido diversas vezes pelo autor.

Como sexóloga e terapeuta de casais, passei diversos anos ajudando as pessoas a encontrarem a si e suas paixões e até mesmo a conexão ou reconexões em suas vidas sexuais e românticas. E ainda assim, quando comecei a ler este livro, compreendi a intenção do escritor de darmos a real importância deste crescimento do EU para encontrar ainda mais sua "cara metade" numa incessante e instigante procura.

Percebo e entendo como o autor nos traz também toda sua experiência original e pessoal com o seu cotidiano advocatício e nos faz considerar como é preciso amadurecer e tornar o "novo relacionamento" como único, mas sempre com certa cautela para não repetir os mesmos "erros" do anterior, sem orgulho ou até mesmo vaidade.

Devemos nos permitir explorar e experimentar novas formar de intimidade e descobrir o que nos faz sentir mais conectados e realizados. Apenas desta forma poderemos encontrar o equilíbrio entre nossas responsabilidades e nossa busca pelo prazer, desejo e felicidade, e desfrutar plenamente da vida em todas as suas facetas.

Este livro é uma compilação que vai além das palavras e nos leva a um mundo de emoções intensas e transformadoras. Foi uma honra e um privilégio ter a oportunidade de prefaciar esta obra que certamente irá tocar os corações e almas de muitos leitores. Espero que, ao finalizarem este livro, os leitores se sintam tão inspirados quanto me senti ao lê-lo. Que a mensagem deste livro os acompanhe em suas jornadas pessoais e que os ajude a encontrar a conexão e a felicidade que procuram em suas vidas. Este um livro que ficará reverberando em ti por muito tempo após a leitura, pois certamente mudará seu olhar da vida para sempre.

Fabianne Ernande

Sexóloga

A racionalidade humana não é para todos, somos inteligentes, por isso não devemos acreditar em tudo que lemos ou ouvimos em busca da felicidade.

Porém, para melhor compreensão sobre o desejo de felicidade, buscamos em poucas palavras o pensamento do considerado, em sua época, o homem mais inteligente de Atenas:

"Sócrates (470-399 a.C.) *achava impossível alguém ser feliz se agisse contra suas próprias convicções. E aquele que sabe como se tornar uma pessoa feliz certamente tentará fazê-lo. Por isso é que faz a coisa certa aquele que sabe o que é certo. Pois ninguém deseja ser infeliz, não é mesmo?*"

Sumário

Introdução e suas amenidades

Vida

No alvorecer temos a luz, na concepção por amor temos a vida. Dos primeiros segundos de vida à vitória do primeiro dia; os dias sucedem na alegria do primeiro mês; dos primeiros meses à comemoração do primeiro ano; apaga-se a primeira vela e já é Natal. Do primeiro ano, arrasta-se para o primeiro passo; do primeiro passo, à emoção do primeiro dia de aula. Em um piscar de olhos, por opção, com graciosidade, temos a comemoração da colação de grau.

As oportunidades e as escolhas sucederão por décadas, ao sabor das incertezas desde o primeiro dia. Chega-se ao namoro, casamento. Separa-se dos pais, a saudade aperta e faz os olhos lacrimejarem. Pergunte-se: quanto vale a sua vida? Com o casamento estará negociando o seu destino e também o seu coração. Para melhor compreensão desse questionamento dramático, pergunte-se também: quanto vale a sua mão? Você a venderia por qual valor? Não há preço, não é!? No entanto, dará a sua mão gratuitamente para a pessoa que lhe encantar, fará uma aliança, a união pelo preço de um anel, a vontade do seu coração. Uma aliança a ser colocada em um dos seus dedos dessa mão, de preço inestimável, a sua vida. Por isso, o zelo, a decisão que o levará para o cume da felicidade ou para as profundezas da obscuridade da vida promissora dos seus sonhos, não dos sonhos dele ou dela, mas dos seus sonhos. Sonha-se só, com a expectativa de dividi-los. Se houver desajustes por culpa das incorreções, devemos saber que o sofrimento não se divide, sofre-se só, os pais se ressentem. Saiba que cedo ou tarde, na escuridão dos séculos, ficaremos na poeira da história. Por isso, nos caminhos da vida não seja injusto consigo mesmo. Seja obreiro do seu tempo. Quanto vale a sua vida? Mentir para outrem é fácil, mentir para si mesmo não justifica, suprimir os pensamentos do subconsciente é impossível. Uma alternativa: viver intensamente os sabores da vida, o dedo anular de sua mão, com ou sem a aliança.

Corpo e alma

Nós somos corpo e alma, certo? A não compreensão dessa divindade nada haveria de ser, não haveria razão da existência. A incompreensão está em não ter a convicção de cada um de nós sermos individualmente diferentes uns dos outros, não biologicamente, mas sim espiritualmente, o bem e o mal. A luz deste entendimento está evidente no sofrimento e, ao contrário, está na suavidade dos benefícios gratuitos, na alegria, nos acontecimentos no decorrer da vida de cada um de nós, considerando não existir felicidade plena ou tristeza permanente e que a felicidade não está na riqueza. Os caminhos naturalmente parecem ser ofertados, uns como se caminhassem entre espinhos, outros em paz com os objetivos de sucesso e fraternidade. A espiritualidade é a razão dessa diferença, como se tudo fluísse a contento da satisfação em benefício do próximo, querer o bem e fazer acontecer inexplicavelmente. É o que acontece com a presença de Deus. Por exemplo: estar ao lado de uma criança, no momento exato da sua necessidade. Tudo como se os desígnios o levassem sob a égide do dom, com disposição e compreensão do dever de ajuda ao próximo, resiliente, com humildade como se fosse designado ou enviado a esta satisfação. Se não por você, por quem?

Ao contrário de tudo que é bom, parece não haver benesse, há dificuldade de realização, a vida não prospera, desde o início parece não facilitar, há dificuldade, às vezes a maldade impera pela manifestação da inveja e não há realização pessoal. A razão seria, por acaso ou pelo destino do encontro anterior na concepção pelos seus pais, a hereditariedade dos encontros ou desencontros dos espíritos ou das almas? Vemos isso no aspecto das diferenças das finanças, na escolha da pessoa errada ao seu lado no casamento, como influência negativa, que não contribui de maneira satisfatória, penaliza e faz sofrer por todos os tempos juntos ou não. O que acontece? Como se explica a diferença na perseverança das realizações que não deixa prosperar no entendimento da bondade e da boa espiritualidade? Seria talvez um aprendizado alheio à boa educação recebida dos pais? Ou **seriam os desígnios de aprendizagem** para o melhoramento da alma, do espírito que acompanha, que não morre, que fica à espreita do destino celestial, em busca de uma vida melhor hoje, não amanhã, na suavidade da espiritualidade plena, que ainda não aconteceu e parece só fazer sofrer?

Na filosofia do que não se explica, na teologia que irradia para esse entendimento, está a lamentação, a tristeza da incompreensão dessa verdade oculta, infelizmente dos irmãos que padecem talvez sem culpa. Se vindo de outros tempos por falta desse aprendizado ou virtude, nesse momento, nessa vida, sofrem e fazem sofrer. Com tudo isso, não com satisfação, mas o entendimento de existir o sofrimento, ver a falta de plenitude nas suas realizações, na prosperidade, nos caminhos da vida dessas pessoas. Não se engane, se não por satisfação ou insatisfação divina, de onde virá?

A incompreensão dos desafortunados dos benefícios da espiritualidade do outro neste momento, nesta vida, cobra, insiste, porque tudo vê. Oprime como se houvesse culpa direta ou indireta pela falta de espiritualidade e vê como um benefício distante, com isso também faz sofrer o seu semelhante. Mas não consegue, é o mistério do seu caminho, não dos meus. É o seu tempo, não há como interferir, somos corpo e alma, um dia a gente chega e no outro vai embora. Mas um dia volta melhor, ao contrário, viveria na incompreensão como desafortunado dos benefícios da divindade do outro, na incompreensão alheia ao entendimento dos afortunados e abençoados espiritualmente, aprender na sua vez. Por isso, na incompreensão da maldade do homem, não se questione o porquê. Onde está o Pai? Eis os mistérios da fé. É assim, o mal existe, somos pecadores, no entanto, seremos "julgados" pelas atitudes da boa ação, pelas boas virtudes do seu coração, por meio da bondade.

Desejo de sexo é pré-histórico e instintivo

Tamanho não é documento. Normalmente nos deixamos envolver e preferir escolher com o pensamento de que mais e maior é melhor, ledo engano. O comando sexual fica no hipotálamo, parte do cérebro que controla as emoções pelo coração. E, surpreendentemente, o hipotálamo é do tamanho de uma pequena azeitona, o do homem é maior do que o da mulher e produz até quinze vezes mais testosterona. É a diferença da desordem, é onde se encontram os hormônios, é a testosterona que dá energia e estimula a vontade da prática sexual! Aí a causa natural que atribui excessivamente o desejo sexual do homem, pelo menos enquanto não houver disfunção hormonal. A criação o fez assim, eis os mistérios da fé ou da evolução. Os motivos podem ser encontrados na pré-história. Teoricamente, a disposição masculina para o sexo não foi por acaso? Não! Nos primórdios, nos tempos das cavernas, o homem era determinante para os afazeres que garantissem o sustento da família. Percorrer longas distâncias em busca de caça desenvolveu, inclusive, a facilidade de localização espacial, superior à da mulher. Desenvolveu também um cérebro maior, a força física e, por consequência, a maior capacidade e necessidade natural de procriar por meio da satisfação sexual.

Na caça, o risco de morte pelos animais era iminente; nas batalhas entre as tribos, as mulheres ficavam protegidas nas cavernas, na administração da manutenção do fogo, dos alimentos e no zelo dos filhos. Por isso, a maior habilidade com as mãos. Instintivamente, a poligamia era natural e por necessidade biológica. Os homens morriam prematuramente, as mulheres se mantinham viúvas. Avessos à culpa do homem, aos sobreviventes cabia atender às necessidades sexuais também das mulheres viúvas para manutenção da espécie. Esse enunciado é retratado de acordo com a literatura científica, não trazemos incentivos à poligamia. No entanto, na nossa compreensão, as diferenças biológicas entre o homem e a mulher são naturais. Por exemplo, a dificuldade na oscilação hormonal, a tensão pré-menstrual – TPM, que gera desconforto de todas as ordens, são reconhecidos e aceitos naturalmente pela sociedade, não apenas cientificamente. No entanto, não há a mesma compreensão da necessidade sexual excessiva do homem, apesar de ser também biológica.

Porém, o benefício biológico é inestimável na sensibilidade da mulher. Buscamos na literatura urológica, vejamos: **"Depois do orgasmo, o homem é refratário à excitação sexual, por certo período de tempo... A mulher, ao contrário, nunca é fisicamente refratária ao orgasmo; se ela não tiver inibição, em segundos após ter conseguido o orgasmo, e em quanto ainda está no platô[1], pode ser de novo excitada para outro e outro sucessivamente, até que esteja fisicamente exausta".**

1. É essencialmente um estágio mais avançado da excitação, que ocorre logo antes do orgasmo. A resposta vasocongestiva local do órgão sexual humano se encontra no auge em ambos os sexos. O pênis está distendido e cheio de sangue. Os testículos são agora 50% e estão alçados a uma posição bem rente ao perínco.

Contudo, por não haver a mesma sintonia por diferença de testosterona, acontece a incompreensão em situações distintas, e o homem é taxado deliberadamente de promíscuo. Com a evolução social e a intervenção da igreja, houve a necessidade de moderação nas atitudes, quase que forçosamente para o homem.

Para a mulher, a questão da TPM é levada em consideração em todos os sentidos, por exemplo, até mesmo na prática de crime, se estava ou não nas condições da tensão pré-menstrual. Naturalmente, na condução do ato de vontade do homem, absolutamente não em detrimento da mulher, os rigores da lei e dos bons costumes devem prevalecer. No entanto, sob os olhos da tradição e dos bons costumes, foge para longe a aceitação da compreensão biológica da necessidade sexual masculina, a sociedade desconsidera amargamente a "diferença de testosterona" entre o homem e a mulher, por isso condena. Amparada nos dogmas preestabelecidos e formatados durante a evolução não biológica, mas na égide da evolução dos bons costumes e estabelecidos pela igreja, à revelia do desejo sexual pré-histórico.

Referências:

Vida & Ação. Disponível em: <https://www.vidaeacao.com.br/>. Publicado em: 18 de junho de 2020.

National Library of Medicine. Disponível em: <https://www.ncbi.nlm.nih.gov/pmc/articles/PMC2016393/>.

ETTO JUNIOR, Nelson Rodrigues. **Urologia I**. 1ª edição. São Paulo: Editora Roca Ltda, 1986.

A origem do casamento

A união do homem e da mulher existe desde a formação dos pequenos clãs e é tão antiga quanto a própria civilização e evolução humanas. Para melhor ilustrar a origem do casamento, uma breve narrativa extraída do livro *A cidade antiga*, do historiador francês Fustel de Coulanges, em síntese: "A comparação das crenças das antigas Grécia e Roma mostra que uma religião doméstica, primitiva, constitui a família; nasce o matrimônio, a autoridade paternal e define o grau de parentesco. Essa mesma religião se estendeu à família e à formação das cidades. Com isso, nas cidades, duas famílias viviam uma ao lado da outra. Em uma das casas, a menina cresce desde criança na religião do pai, em torno de uma lareira, como se essa lareira fosse o seu Deus. E se um jovem de família vizinha lhe pedir em casamento, um haveria de passar para a casa do outro, para ela, abandonar a casa dos pais e passar para outra casa e para a religião do marido. A partir do 'casamento' que se realizava em casa, a mulher nada mais tem em comum com a casa dos pais e passa sacrificar a lareira do marido, diante do fogo doméstico, sagrado. Não admitia a poligamia, uma união indissolúvel e divórcio quase impossível. Porém, era necessária uma nova cerimônia sagrada, na mesma religião e diante da mesma lareira pela última vez, em caráter odiento, apavorante, uma espécie de maldição pela qual a mulher renunciava ao culto e aos deuses do marido".

Referência:

COULANGES, Fustel de. **A cidade antiga.** 1830-1889. São Paulo: Martin & Claret, Série Ouro 2, 54-59p.

Evolução do casamento

Através do tempo, a evolução trouxe situações horrendas entre os homens, a aceitação da mulher como esposa digna e igualmente matriarcal a seu lado não era aceita. Por isso, faremos alguns breves relatos de curiosidades sobre essa instituição, sofrida pelo caminho de todos os tempos em busca de estabilidade. A história é degradante, inaceitável, como se hostilizassem o próprio útero que lhes trouxe à vida, na incerteza do seu próprio sexo.

Mesmo com o adiantamento dos séculos, o conhecimento antecipado ou o namoro não eram levados em questão, eram sim organizados pelos pais dos noivos, pagos os dotes, com o propósito da formação de uma nova família pelo arranjo do casamento. Não havia a liberdade de escolha, era uma questão de estabilidade social, política e financeira; o amor ficava em segundo plano, raras exceções aconteciam. O objetivo essencial era ter filhos com a expectativa de superação, sucessão econômica e a lida do dia a dia.

No ano de 380, o cristianismo foi considerado como religião oficial no Império Romano, o casamento foi elevado à condição de santo sacramento no século IX, estabelecendo o fim da poligamia.

No ano de 1140, com o decreto de Graciano, o consentimento do sim passou a fazer parte da cerimônia.

Ainda no século XIV, o casamento era também um ato de aquisição, o noivo "comprava" a noiva mediante pagamento em moedas ou pelo menos a garantia da realização do casamento mediante caução de suas propriedades. E, também, havia o presente matinal da noite de núpcias, denominado pelos juristas romanos como dote.

Em 1545, o Concílio de Trento regulamentou as normas do casamento até os dias de hoje. Mesmo assim, para as concubinas que vinham de famílias hostis, para que houvesse a paz, misturava-se o sangue. Com isso, aparentemente reinava a harmonia entre essas famílias. No Brasil Colônia, o casamento iniciou-se com a colonização, considerando que o catolicismo estava presente. Nas cartas dos jesuítas, eles solicitavam ao rei de Portugal meninas órfãs, meninas de rua e prostitutas para se casarem com os portugueses no Brasil. Ausentes de burocracia civil ou religiosa, acontecia o concubinato, viviam amancebadas. Quando os padres, que eram poucos, chegavam, acontecia o casamento entre os nubentes na convivência consensual, comemorava-se com as famílias já constituídas, entre o século XVI e XVIII.

Na nova República, em 1890, o casamento civil surgiu por decreto no governo provisório de Marechal Deodoro da Fonseca. O desquite chegou em 1916, com o Código Civil. Em 1977, com uma emenda constitucional, iríamos conhecer o divórcio. Em 1988, a Constituição formalizou a união estável entre homem e mulher.

O casamento se tornou um acontecimento social, ímpar na relação entre homem e mulher, o amor passou a prevalecer na união. Os dotes não são exigidos, há a liberdade de escolha e as dificuldades financeiras do início da união pelo casamento são exclusivas dos noivos, salvo exceção à vontade e condições financeiras dos pais em proporcionar ajuda para o início da formação da nova família.

Mesmo contrariando os desajustes da modernidade, a união conjugal confirma ser a base harmoniosa da sociedade e do bem-estar entre o homem e a mulher. Juntos, com o acerto relevante da individualidade somado à liberdade de escolha no decorrer da história, traz a certeza da prosperidade e da manutenção da família tradicional. Quiçá, a felicidade desde o amor juvenil, mesmo com a diferença da ação do tempo, marcada com as rugas no rosto, o amadurecimento, o privilégio da convivência feliz por todos os tempos.

Referências:

Jusbrasil. Disponível em: <https://jmarchiote.jusbrasil.com.br>.

Prefeitura de Marechal Deodoro. Disponível em: <https://www.marechaldeodoro.al.gov.br>.

Portal São Francisco. Disponível em: <www.portalsaofancisco.com.br>.

A tradição no casamento

Falemos sobre a tradição, o seu reflexo, não somente por influência da religiosidade e dos costumes, mas a base perene da sociedade, da família, às custas da boa cultura, sem interferências. Isso é possível sem consequências negativas?

Em outros tempos, as moradias eram permanentes, salvo as emigrações, imigrações, migrações da humanidade no passado; em circunstâncias normais, nasciam, conheciam-se na quermesse da igreja, entre as famílias da cidade e o casamento acontecia. **Por tradição** se mantinham os costumes culturais, não divergiam, desde a culinária, o folclore, a música, as tradições religiosas, o tradicional bazar, a mercearia da esquina não se pagava, na caderneta anotava. Tudo contribuía para uma vida amistosa e conservadora. As influências no campo das vontades permaneciam dentro dos mesmos objetivos, a união surgia de maneira satisfatória. Mesmo assim, com a aparente condição favorável para a união de um casal, havia a dificuldade no relacionamento, a subordinação da mulher trazia desconforto e submissão ao marido.

A partir dos movimentos feministas, na França, na década de 1960, em busca de igualdade, o início dos direitos viria, no mínimo, contribuir para o enfraquecimento do casamento. Antes, não havia alternativa, o casamento não se desfazia facilmente, a tradição não permitia no caso de dificuldade de relacionamento, a mulher suportava e para a casa dos pais jamais retornaria. Eis a questão da submissão. Calava-se e obrigava-se aos cuidados da família e à vida doméstica; naturalmente, havia poucas exceções nesse martírio.

Para o entendimento que se propõe neste título, vamos adotar os efeitos da tradição na cidade de Campo Grande/MS.

A **emigração** Europeia, em busca de melhores condições de vida e prosperidade, propiciou a vinda, no início do século XX, de libaneses, sírios, japoneses, paraguaios e bolivianos. Não menos importantes, porém em menor quantidade, portugueses, espanhóis, armênios, gregos, polacos, turcos, palestinos e alemães.

A **imigração** do **Sul do país**, iniciada nos anos de 1940, mais recentemente, deu-se por razão da divisão do Estado de Mato Grosso, no ano de 1977, vinda dos Estados do Paraná, Santa Catarina e Rio Grande do Sul. Ocorreu por incentivo de políticas federais para avanço das fronteiras agrícolas, estimulada em busca de melhores condições de trabalho e qualidade de vida. No Sul do país, o casamento ocorria entre os colonos das mesmas origens, por ocasião da grande emigração da Europa, nos séculos XIX e XX. Assim, surgiu um motivo do início da divisão da família, o choque cultural, o começo da desestruturação do casamento e consequentes separações destes tempos.

A imigração **nordestina** também viria a contribuir, na década de 1950. Foi significativa para a construção da Capital, Brasília, alcançando Mato Grosso do Sul. Afirma Heitor Romero Marques: *"houve uma grande imigração do nordeste do país, especialmente dos Estados da Bahia, Ceará, Sergipe, Pernambuco, Paraíba e Rio Grande do Norte, de modo que, em processo de construção, Campo Grande sofreu influência de pessoas das mais diversas origens e formações"*.

Talvez pela introspecção, por estar longe, surgiu a insegurança, a diferença cultural, um processo quase que natural para adaptação, porém, somos diferentes, viemos de lugares diferentes, não por isso o sexo deixaria de acontecer, casados ou não, pois é um **fator sociodemográfico.** Resultando no início do contraste cultural definitivo, migração acentuada, a imigração entre tantos benefícios, resultaria, em tese, na discórdia do relacionamento dentro do casamento.

Devemos considerar que todas as culturas devem ser respeitadas e têm o seu valor. No caso específico do Estado de Mato Grosso do Sul, trouxeram o benefício da pluralidade de culturas, na música, na culinária, na atividade comercial, uma cidade cosmopolita. Porém, essa pluralidade trouxe um grande índice de separações entre casais, um problema social.

Por isso, teoricamente e sustentado por estatísticas na edição de **Gilberto Costa** (1959), migraram milhares de trabalhadores que construiriam Brasília, os operários, chamados de candangos, inclusive centenas de estrangeiros. O prenúncio, a razão do alto índice de separações e desajustes no casamento nestas duas regiões, igualmente no **Distrito Federal**. Senão a causa objetiva, é o nosso entendimento para a contribuição relevante. As separações acontecem facilmente devido à diferença cultural, casamentos desfeitos, não mais os filhos juntos com os pais; por reflexo, surgem os padrastos e acaba por gerar esta aberração social, a agressão sexual de menores, um problema de liderança nacional, uma vergonha para Mato Grosso do Sul, às custas do contraste cultural e por falta de política social voltada para a resolução da incompreensão deste delito.

Um exemplo à parte, de outros recantos, que demonstra o embaraço cultural e traz consequências. Na **Alemanha,** país extremamente desenvolvido, graças à política de portas abertas, ocorreu grande imigração, trouxe o desequilíbrio e insegurança para as mulheres e meninas, em especial na cidade de Colônia. Desde 2015, milhares de imigrantes, a maioria de fugitivos de conflitos no Afeganistão, Iraque, Síria e em busca de trabalho, albaneses e norte-africanos. Famílias, a maioria de jovens do sexo masculino, em busca de trabalho, mão de obra secundária. Em poucos anos trouxe o desequilíbrio da cultura e insegurança, diz Hana, alemã, refugiada no Paraguai, em entrevista para a BBC Mundo. Devido a esta situação, o êxodo de alemães para o Paraguai, no mínimo em busca de respeito, prosperidade e a manutenção da tradição em outras terras, é surreal. O que poucos sabem é que existe uma grande colônia alemã nesse país, os menonitas, cujos ancestrais chegaram após o término da Guerra do Paraguai, em 1870, e também após a Segunda Guerra Mundial, em 1945.

No **passado,** casava-se literalmente com a família, havia maior comprometimento e respeito pelas tradições, os pais, os avôs se conheciam. Com a imigração para outras terras, as famílias se dispersaram, por consequência se desconhecem, dando origem a uma salada cultural. Fortalece a nossa tese em um assunto pouco explorado, os dizeres de Heitor R. Marques, na sociologia dos efeitos da forte imigração no estado sul-mato-grossense, com relação ao desenvolvimento econômico, trabalho, sociedade e cultura de maneira geral. No entanto, alheio à questão do resultado **negativo**, a consequência em tela, a separação por efeitos da cultura em diferentes etnias. Comenta: *"Os imigrantes e seus descendentes também estão fortemente submetidos à força da cultura local. Pouco a pouco se nota que seus filhos, netos, bisnetos se deixam levar pela cultura local e por outros costumes com mais facilidade que seus antepassados"*. Afirma que filhos, netos e bisnetos se deixam levar pela cultura local com mais facilidade, por isso corrobora com o nosso entendimento, a influência é fato, os resultados são ***a posteriori***. Acertadamente complementa: *"Campo Grande é uma cidade basicamente miscigenada, construída com retalhos de culturas e partes de comunidades"*.

Hoje, por consequência, uma cidade multicultural, está na origem a diferença, misturada com o liberalismo desses novos tempos, o casamento contemporâneo não resiste, desfaz-se facilmente, acaba por gerar questão de **interação psicossocial**. E não apenas para o casal, para os filhos é uma questão abrangente, no mínimo de difícil resolução. Esse resultado é transparente no comportamento desta nova geração. Casamentos desfeitos e filhos adolescentes sem perspectiva, à revelia da tradição.

Um exemplo entre dezenas na região, por força da pluralidade de cultura dos países vizinhos. Também uma história baseada em fatos. C.S., jovem de dezenove anos, loira de belos olhos verdes, os pais com condição financeira moderada, também vindos do Sul do país, no ano de 1978. Além dos objetivos rurais, a escolaridade dos filhos era a prioridade, estudar em boas escolas. Em relacionamento precoce, contrário à satisfação dos pais, viria a se casar com um rapaz de idade bastante superior, de origem de um dos países vizinhos. As tradições eram evidentemente diferenciadas, literalmente, como se não falassem a mesma língua. Houve a insistência dos pais para que não saísse de casa. Não os ouviu, sem alternativa, saiu engajada no relacionamento para morar com o suposto bom rapaz de outras terras. Grávida, em um ano retornou diretamente da maternidade com uma bela criança recém-nascida nos braços.

Duas situações políticas, dois exemplos comuns, porém, corriqueiros em ambas as regiões, Campo Grande e Brasília. Fazem menção à dificuldade de relacionamentos entre as culturas, como se a bravura dos desbravadores na construção e na campanha dos sonhos dourados dos idealizadores destas novas terras fossem amaldiçoadas, como se os desígnios desta formação não lhes coubessem a intervenção por manipulação das origens dos povos.

Referências:

MARQUES, Heitor Romero. **Migração e Desenvolvimento Local a Escala Humana: Campo Grande em Foco.** Campo Grande/MS: Gráfica Mundial, 2014, 44, 64, 67, 68, 78, 113p (Cabral, 1999, p. 40).

MANSO, Gilberto Costa; BOMENY, Helena. **Veredas de Brasília.** Disponível em: <https://doi.org/10.1590/S0104597020120003000015>.

Terra. **Milhares de albaneses fogem rumo à Alemanha em busca da "terra prometida"**, 03/05/2015.

PICHEL, Mar. **Por que tantos alemães estão migrando para o Paraguai.** BBC News Brasil. Disponível em: <https://www.bbc.com/portuguese/internacional-61196964>.

MOREL, Lucia. **MS lidera casos de estupro de crianças no Brasil.** Campo Grande News, 01/07/22. Disponível em: <https://www.campograndenews.com.br/brasil/cidades/ms-lidera-casos-de-estupro-de-criancas-no-brasil>.

Adultério segundo a Bíblia

Nesta introdução, mostrou-se a tentativa da visualização espontânea da prática e das consequências do livre-arbítrio por meio da escolha e critério do homem que contraria os dogmas da Bíblia, que traz o norteamento e a luz das penalidades dos pecados pelas infringências cometidas em desrespeito aos seus mandamentos, aqui em especial "não adulterarás". No entanto, você pode não pecar, manter-se pela consciência e na fé dos ordenamentos bíblicos; porém, sofre com as consequências do pecado alheio, a infidelidade do outro, você paga pela má escolha e pelos dissabores do resultado da traição.

O assunto é bíblico. A Bíblia é o livro sagrado que traz a interpretação religiosa para o homem na Terra. Vamos nos atentar humildemente à relação dos ensinamentos para a aceitação do casamento segundo os pensamentos da igreja, a austeridade da relação e a dificuldade da mulher judia e do povo hebraico. Elaborada pelo homem desde o Antigo Testamento, conhecido como Velho Testamento, entre os anos 450 a.C. com as escrituras anteriores até 1.000 a.C., e depois aos olhos da luz do cristianismo, o Novo Testamento (Nova Aliança), após o nascimento e a vida de Jesus, por volta do terceiro século d.C., a incompreensão da elaboração da Bíblia pela Igreja Católica Apostólica Romana, mesmo porque os romanos não interviram na morte e crucificação de Jesus pelos fariseus. Na Bíblia elaborada pela igreja, prevaleceu a preocupação em pregar a Palavra de Jesus na Terra, que arrastou multidões de seguidores, indiferentes aos domínios do Império Romano e à instabilidade dos ortodoxos. Com tudo, a preocupação na tentativa para a melhor condução da civilidade humana, no aspecto da união entre os homens e, em especial, a união do homem e da mulher. O assunto é extenso e de difícil compreensão, os seus caminhos, as mudanças se arrastaram lentamente por força da evolução, a contrariedade das escrituras pelo homem é clara, não ouviu e permanece no balanço do pecado em busca do perdão. No passado remoto, na guarida do Antigo Testamento, obtinha-se o perdão dos pecados às custas do sacrifício da inocente ovelha; e ainda, às vésperas da ruína do Império Romano, a tentativa do perdão com as construções de igrejas por famílias abastadas, o oferecimento e a doação, com o comprometimento do sepultamento no futuro no seu interior, indulgência. Isto à prova dos olhos por todos os recantos onde prevaleceu o domínio Romano. Agora, nos tempos atuais, baseia-se no arrependimento de seus pecados, a confissão e o oferecimento a pedido do clero, desde os tempos remotos, a oferta e o dízimo. Porém, como se fosse na contramão, não por pretensão objetiva, percebe-se a aceitação da desordem do relacionamento entre o homem e a mulher ou por culpa da igreja, mas pela incompreensão e descontentamento do próprio homem. No entanto, as concubinas, os prostíbulos nos idos da história e as cortesãs na segunda metade do segundo milênio, precisamente no século XVI, eram aprazíveis aos olhos da sociedade, possuíam *status* junto à corte, que diga melhor sobre o assunto a cultura francesa. Os rigores da infidelidade são determinantes na condenação por adultério perante a igreja, e, também, naturalmente, pela lei do homem. Porém, na concepção de ambas, traz divergências; na Bíblia, a tentativa sobre todas as maneiras, a manutenção da ordem e dos bons conceitos para a manutenção da família, pelas portas do casamento. Na lei do homem, no Brasil, estão estabelecidos todos os critérios na legislação civil, não há penalidade criminal, salvo agressão física. Porém, há que desconsiderar a própria intromissão negativa que estas leis exercem para a desestrutura da família. Vejamos.

Na lei do homem, a evolução traz o descaso ideológico-político da preservação da religiosidade e da educação tradicional; com a falta de objetividade, nega a tentativa da manutenção do equilíbrio do melhoramento da cultura e da religiosidade. Com isso, traz o caos na formação, por consequência, a pobreza, a desestrutura da consciência e a falta de seguimento ordeiro para as melhores oportunidades de escolhas com o aprendizado religioso, mesmo com a catequese. Os filhos, ainda com idade vulnerável, casam-se, às vezes levados pela ansiedade da instabilidade da própria estrutura familiar, talvez por culpa da pretensiosa manutenção política do clero, que não deixa evoluir, ocasionando expectativa negativa de melhores horizontes, negam o conhecimento, fortalecem a ignorância, deixam suas ovelhas. Isto ocorre em todos os tempos, no entanto, vamos ilustrar pelas escritas ao alcance dos nossos olhos, desde o tempo do Império Romano, a repressão e domínio do Imperador Tibério. Não mais generoso, o tirano palestino, Rei Herodes, 34 a.C. e 4 d.C., a crueldade e exposição da mulher, sempre alheia às suas vontades e subordinação extrema ao homem; na mesa de sua casa, junto à esposa, não se sentava.

Atualmente, a falta de estrutura na educação faz a vida girar negativamente como uma roda gigante: roda, roda e sempre acaba por estar no mesmo lugar. Com a falta de amadurecimento no objetivo do casamento, as histórias se repetem, casamentos são desfeitos, filhos a toda sorte e por todos os lugares acabam como vítimas da infidelidade.

A infidelidade não existe apenas pela desonra entre os cônjuges, mas especialmente por culpa da infidelidade maligna da estrutura política, que não conserva minimamente os bons conceitos por meio da boa educação. Ao contrário, contribui para a destruição da relação, por meio do descontrole e de seus próprios interesses no erário, que acaba por gerar a fome e leva a buscar na vida desmedida a satisfação do sexo despretensioso. Aí está a configuração do descontrole social e cultural entre os devaneios. Essas inconsequências se proliferam por todos os cantos e situações, inclusive a infidelidade. Não se importam. Sem conhecimento preciso, levam consigo a fragilidade da cultura; não entendem, sem culpa por ignorância, e acaba por prevalecer o descaminho por meio da relação sexual desmedida. A prova disso está na própria colonização do Brasil. Desde o início houve a solicitação por carta escrita por Manoel da Nóbrega, em 1549, ao Rei Dom João III que, desde muito cedo, não fugiu das tradições dos mais antigos impérios, contribuiu para a continuada e desestruturada cultura brasileira. Disse assim em sua carta: *"Parece-me coisa muito conveniente mandar sua alteza algumas mulheres, que lá tem pouco remédio de casamento a estas partes, ainda que fossem erradas, porque casarão todas muito bem, contando que não sejam tais que de todo tenham perdido a vergonha a Deus e ao mundo"*. Não bastasse a pretensão escrita, pasme-se! A colonização foi acompanhada com os favores da própria igreja. Os padres jesuítas, na ânsia da propagação da religião católica, não deram limites para este propósito. Foram enviadas mulheres de baixo meretrício, prostitutas, não menos deselegantes, foram enviados bandidos condenados pelo supremo reino colonizador de Portugal.

Na palavra por meio da Bíblia, muito se escreve em benefício do ordenamento contrário ao adultério.

Em Provérbios **5:3-5 KJA:** *"Porque os lábios de uma mulher estrangeira gotejam como favos de mel, e sua boca é mais suave do que o óleo; mas o seu fim é amargo como o abismo, agudo como a espada de dois gumes. Seus pés descem para a morte, os seus passos conduzem-na ao inferno"*. Neste provérbio bíblico vê-se a exaltação da mulher, como a iminência dos riscos em uma via de mão dupla, de um lado se vai e do outro lado se vem, a certeza do risco é iminente. Faz um paralelo poético dos benefícios doces, com magnitude trágica contrária aos seus benefícios, como se a suavidade e a mulher estrangeira não fossem filhas da criação divina. Parece fazer entender ou faz entender a diferença da criação, da pureza, ao seu avesso, impura. Como se protegesse o homem, por outro lado, trazendo toda a responsabilidade da culpa na docilidade dos encantos da mulher. Um exemplo bíblico de indignação da sociedade em razão da prostituição é o apedrejamento de Maria Madalena, que prontamente foi protegida e acolhida pelo Senhor Jesus. Por isso, o entendimento de que não é dado o direito de julgamento ao ímpio ou à vida fácil também da prostituição. Vejamos a penalidade dos efeitos da criação divina, a mulher, mesmo no risco do caminho sinuoso, a tentativa através da Bíblia em busca da ordem e de tirar o homem da tentação com palavras doces, os efeitos da mulher. ***"Porque os lábios de uma mulher estrangeira gotejam como favos de mel, e sua boca é mais suave do que o óleo."***. Por outro lado, na segunda parte do provérbio, vê-se a demonstração da penalidade para o homem, por não resistir aos seus encantos. ***"Mas o seu fim é amargo como o abismo, agudo como a espada de dois gumes. Seus pés descem para a morte, os seus passos conduzem-na ao inferno"***. Assim, também a incompreensão na atualidade, em outra cultura, a promessa no islamismo, o Alcorão promete 72 virgens no paraíso aos mártires do sexo masculino do Estado Islâmico, na Síria e no Iraque.

A infidelidade está caracterizada, mormente ao homem, pelos fatores descritos das dificuldades naturais e promessas de juramento da vida eterna ao lado da esposa, outrora a escolhida. O provérbio deixa um corredor infinito de luz que acalenta o seu coração nos caminhos das suas próprias incertezas, como se apresentasse uma bica d'agua límpida ao homem, extremamente cansado; porém, há o risco da contaminação por esse deleite.

Referência:

INSTITUTO Histórico e Geográfico de São Paulo. NÓBREGA. Carta 30. Volume I. São Paulo: 1970. 39.p.

Bíblia Sagrada, Livro do **Êxodo**, **Capítulo,** 20, versículo, 14.

Suprimiram o desejo sexual do homem por lei

Nos primórdios, os homens viviam em comunidades, saíam para caçar, as distâncias eram longas entre as montanhas e relvas inóspitas. De tempos em tempos, devido às dificuldades para conseguir alimento, a caça feroz, a morte acontecia. As mulheres se dedicavam às colheitas, permaneciam nas cavernas, ao lado do fogo, nos cuidados da prosperidade das novas gerações, os filhos. Assim, teoricamente, considerando que as comunidades eram pequenas, a necessidade de sexo não se continha; além da esposa, as viúvas eram solicitadas sexualmente, não apenas para a satisfação sexual, mas para a manutenção dos trabalhos e a prosperidade da comunidade para o futuro.

Com a evolução, dada a necessidade de moralização, o desejo sexual do homem foi suprimido. No decorrer dos tempos, quiseram fazer entender "goela abaixo", por necessidade de novos conceitos, a tentativa da diminuição da promiscuidade sexual, por interferência de lei e pela igreja no conceito de religiosidade. Por consequência, a regulamentação em benefício da monogamia.

Uma visão não com o conceito machista, absolutamente, mas no conceito biológico da própria natureza humana.

No ano de 313, Constantino se declarou como o primeiro imperador cristão. Após a sua morte, no governo de Teodósio, em 380, a religião foi oficializada, contrariando e proibindo ritos pagãos, tornando-se a religião oficial do Império Romano.

Nos tempos anteriores à institucionalização da igreja, anteriores ao cristianismo, havia o conceito da boa formação e princípios morais de família, e que contrariavam a promiscuidade sexual. No entanto, não havia regulamentação alguma. Essa providência teria ocorrido com a promulgação da Lei Júlia, nos anos de 18 a.C. – 14 d.C., por Augusto, o primeiro imperador de Roma, que penalizava por infidelidade apenas a mulher adúltera e o homem adúltero casado, com o exílio em ilhas diferentes para ambos os acusados.

Referência:

AZEVEDO, Sarah Fernandes Lino de. **O adultério, a política imperial, e as relações de gênero em Roma.** São Paulo, 2017. Disponível em: <https://www.teses.usp.br/teses/disponiveis/8/8138/tde-26102017-115352/publico/2017_SarahFernandesLinoDeAzevedo_VCorr.pdf>.

A sujeição do casamento *versus* prostituição

No passado, soma-se a tradição cultural com o viés do momento único, a preparação dos filhos para o matrimônio. **Para o homem,** havia a necessidade da habilidade profissional, qualquer que fosse, para o sustento da futura família. A expectativa e motivação para a realização dos sonhos do casamento, com aquela que na imaginação, a princípio, o namoro visual, era a princesa escolhida, até todas as formalidades concluídas, desde o pedido formal aos pais para o namoro, noivado e o momento histórico da realização do desejo de felicidade e sexo, o pedido da mão da mulher em casamento. **Para a mulher**, desde criança aprendia os preparativos para a lida e cuidados do lar e, o mais breve possível, apta ao melhor casamento. Eis a razão, **para os pais**, da preocupação de segurança e constituição de uma nova família e para os jovens pretendentes, a necessidade do casamento, inclusive para a prática sexual. Muito cedo se casava e liberdade sexual não existia.

No presente, de maneira sucessiva, mantém-se a disposição e necessidade do casamento, não mais pela preocupação dos pais, mas pelos próprios filhos, sexo não é mais tabu, a história se repete igualmente, porém os conceitos são diferentes.

A objetividade e finalidade do casamento no passado, com o casal ainda muito jovem, numa época não muito distante, estavam entre os fatores que estavam longe da evolução desses novos tempos; a relação sexual era essencial, porém, distante da maturidade emocional.

Nestes tempos, a relação sexual, não menos desejada, ao contrário, a sede incontida, fazia despertar a necessidade do casamento, como se fosse uma carta de alforria para a prática do sexo, a "liberdade" sexual em casa. Com o tempo, sem expectativa, sem novidades, ao avesso da relação do bom conceito de família, o homem buscava alternativas fora de casa, na contramão dos princípios básicos da relação conjugal. Nos idos dos anos anteriores à década de 1980, as casas de mulheres de baixo meretrício eram fartas, à disposição dos prazeres do sexo. As casas eram facilmente identificadas com a luz da cor do amor, a luz vermelha exposta. Um convite, de portas abertas, casas simples ou sofisticadas, os tradicionais e famosos bordéis de luxo com música de bom gosto. Frequentados pelos senhores abastados da sociedade, naturalmente se reuniam e a diversão era certa. Se não bastasse, muito se via insatisfeito o senhorio coronel com a pluralidade de freguesia à sua dama preferida, a retirada de dentro do estabelecimento para a sua exclusividade sexual, uma nova moradia; é o que muito acontecia. Aí a derivação de amante, "teúda e manteúda", não mais a nomenclatura de "puta", como antes no bordel. Às vistas grossas, buscava-se o respeito com a exclusividade sexual, posto que, em algumas sociedades, eram perfeitamente aceitas e todas as pompas eram dadas à gloriosa amante. Um trecho da obra de Jorge Amado, *Gabriela, Cravo e Canela* – inspirada nos costumes da velha cidade de Ilhéus e região da Bahia – ilustra a realidade de acontecimentos verídicos poucas décadas atrás: *"Quando tomam conhecimento da infidelidade das mulheres que sustentavam*

– em pagando lhes o quarto, a comida e o luxo em pensões de prostitutas ou alugando-lhes casa nas ruas menos frequentadas –, contentavam-se com largá-las, substituí-las no conforto que lhes proporcionavam. Arranjavam outra. Já sucedera, no entanto, tiro e morte, mais de uma vez, devido à rapariga". Ainda se atribuía outro nome ao estabelecimento, este pejorativo e popular, conhecido e denominado como "zona" ou "puteiro".

No caso de prostituição sem exclusividade, ao estilo *delivery*, o padrão de sofisticação era para todos os gostos, do simples "puteiro" ao luxuoso bordel encontravam-se os senhorios da sociedade. E se existe uma verdadeira igualdade na relação dos homens em todos os tempos é a fidelidade pelos prazeres escusos do sexo, porém, com vênia, a prostituta de outrem.

Na recepção, o convívio entre as irresistíveis mulheres da noite, com fascínio, vestidas luxuosamente ou não, sempre a caráter, as damas do pecado, as damas da noite. Relacionavam-se, a princípio, na recepção de estar, no "*salon*", nos sofás, nas mesas ou em um balcão convidativo como o de um bar, um *drink* ao relaxamento e a escolha de sua preferida para a conjunção do sexo pago, com um brinde à deusa da beleza e do amor, Afrodite. Naturalmente, o pagamento antecipado à dama a seu critério e gosto. O atendimento sexual como *delivery*, porém, não em casa, pago antecipado para a senhora chefe responsável pelo império dos sentidos, à vontade dos homens, os benefícios de suas coelhinhas. O respeito à embaixadora do sexo era fato preponderante e protegido pelos senhores coronéis da sociedade, isso não havia dúvida. Afinal, a manutenção desse comércio, nos distritos, nas pequenas ou nas grandes cidades, a diversão desta natureza sempre existiu, e desde todos os tempos prevaleceu assim, a seguridade da diversão fora de casa, fora do relacionamento do casamento.

Na diversão, nestas condições, o uso de um quarto se faz necessário, como se fosse um hospital, de longo corredor, com a chave e a dama na mão, o prenúncio da satisfação, senão do sexo, talvez do ego ou do fisiológico. Restava na ardente conjunção, não o som do silêncio, os gemidos extravagantes dos prazeres incontidos ecoavam como a realização da providência à subsistência da vida na terra, desde todos os tempos, também às custas da prostituição, por livre e espontânea vontade. Ao contrário, a submissão desses favores por Madalena, que sofrera a incompreensão naqueles tempos, sem culpa, manteve a sua fé, e mesmo assim foi apedrejada. Afinal, tudo se permitiu à luz da criação, avesso à religião ou dogmas. Não sabemos ao certo se atribuir a culpa à natureza humana é correto, muito menos nos cabe julgar essa cultura de todos os tempos. A consciência e aceitação devem prevalecer a critério da evolução e as vontades dos homens, ao preço que também não nos cabe o conhecimento para afirmar se está errado ou certo. A prestação e uso desses serviços deve prevalecer na consciência do contratante e da meretriz contratada.

"Há mais coisas entre o céu e a terra do que sonha nossa vã filosofia", William Shakespeare, em *Hamlet*.

Delírios ou insanidade da prostituição

No Brasil, desde o seu descobrimento, os primeiros homens vieram sem a família e mantiveram relação sexuais com as indígenas, porém, para se evitar grande miscigenação, o Padre Manoel da Nóbrega solicitou por carta ao Rei Dom João III, conhecido como "o piedoso", que mandasse para as novas terras mulheres brancas portuguesas. Eis um trecho da escrita da história para a pátria mãe: *"Todos se me escusam que não têm mulheres com que casem, e que uma mulher, ama de um homem casado que veio nesta armada, pelejam sobre ela a quem haveria por mulher. [...] Parece-me coisa muito conveniente mandar S.A. algumas mulheres, que lá têm pouco remédio de casamento, a estas partes, ainda que fossem erradas, porque casarão muito bem, contando que não sejam tais que de todo tenham perdido a vergonha a Deus e ao mundo".*

Há poucas décadas, precisamente no início da metade do século XX, na cidade de Ilhéus, no centro histórico, na Bahia, a desventura do sexo se demonstrou em alto nível, vivido com *glamour* na era do cacau e representada por inspiração na obra de Jorge Amado, *Gabriela, Cravo e Canela*, no *Bataclan*, a personagem de *Gabriela*, ícone da literatura e dramaturgia no Brasil, a realidade dos fatos da prostituição, o que de fato acontecia; com isso, eu me ausento e me pronuncio com a referência da obra, num trecho que diz assim: *"Nunca pensou ofendê-lo, jamais magoá-lo. Seu Nacib era bom, melhor não podia ser, no mundo não havia. Gostava dela (**Gabriela**), bem querer de verdade, loucura de amor. Um homem tão grande, dono de bar, com dinheiro no Banco. E doido por ela... Era engraçado! Os outros, todos os outros, não era por amor, só queriam com ela dormir, apertá-la em seus braços, beijar sua boca, suspirar em seu seio. Os outros, todos os outros, sem exceção. Velhos ou moços, bonitos ou feios, ricos ou pobres. Os de agora, os de antes, todos os outros. Sem exceção?"* No passado era assim! A evolução trouxe nesses novos tempos a liberdade sexual. Atualmente a diferença está no *modus operandi*, a prostituição consiste em mulheres pagas, de qualquer lugar, da alta ou baixa sociedade. Como diz o autor: para os velhos ou moços, bonitos ou feios, ricos ou pobres, só vai depender da sua vontade, disposição para essa modalidade de se fazer sexo pago e disponibilidade do seu saldo bancário. Ao contrário de sexo por sexo gratuito ou amizade colorida.

Atualmente, na cidade de Ilhéus, mantém-se a lembrança restrita do prédio revitalizado, aberto à visitação, os cômodos parcialmente decorados, as lembranças em memória, agora ocultas nas almas dos assíduos coronéis frequentadores.

Na França, um brevíssimo relato histórico da prostituição. Ao contrário do Brasil, buscava-se o respeito, posto que na sociedade eram perfeitamente aceitas e todas as pompas à gloriosa amante. Desde os impérios, por séculos, ocorria a submissão das princesas herdeiras e a disposição da conveniência hierárquica. O casamento acontecia entre as famílias nobres, os filhos, para a manutenção dos impérios por meio da união formal e pretensiosa, um negócio. Na união estabelecida, a necessidade de filhos para a segurança da prosperidade e sucessão entre os reinos. E, assim, o homem estava livre para buscar o amor extraconjugal ao seu gosto. As cortesãs mantinham a supremacia do amor com os senhores monarcas; por consequência natural, era concedido título de nobreza ao filho bastardo.

Naqueles tempos, tornar-se uma cortesã de sucesso não era fácil e muito menos simples. É como se fosse um negócio de investimento qualquer, particular ou empresarial, a dificuldade de superação e realização exigia bons conceitos de relacionamento e conhecimento para o que se propõe fazer dentro da atividade além de sexo. Neste caso, um requisito essencial, o privilégio natural da beleza feminina, era para a minoria. Com isso, para a maioria das mulheres que se sujeitavam aos serviços da prostituição, a manutenção da sobrevivência nos limites da pobreza, às custas da submissão, o máximo que conseguiam era matar a fome.

Afinal, por todos os tempos, nas pequenas ou nas grandes cidades, outrora nos impérios, a diversão desta natureza sempre prevaleceu assim, a seguridade da diversão sexual fora de casa, fora do relacionamento do casamento. No entanto, nunca houve a certeza do equilíbrio na prostituição, tanto no império como em tempos recentes, pois foge à manutenção da dignidade da família. Para o homem casado, entre os seus anseios, é a certeza de andar na contramão da tradição dos bons costumes e, por reflexo, a falta de exemplo para educação dos filhos e ao contrário de tudo para a manutenção da família tradicional.

Referências:

INSTITUTO **Histórico e Geográfico de São Paulo.** NÓBREGA. Carta 30. Volume I. São Paulo: 1970. 39.p

AMADO, Jorge. **Gabriela, Cravo e canela.** 45ª edição. São Paulo: Livraria Martins Editora S.A., 1972, 367p.

O casamento atual

Em tempos de tribulação na política mundial nas últimas décadas, vemos a tentativa desordenada por influências negativas de métodos ideológicos inadequados na educação, e por consequência a tentativa da desconstrução da família e da sua religiosidade por meio da política ideológica comunista. Tentam sufocar os direitos inerentes à liberdade do direito de ir e vir, por razões econômicas, intervenções estratégicas, a moda colonialista do passado, levando ao caos os princípios tradicionais seculares da família, da moral e da ética. A desordem leva à incompreensão a olho nu da sociedade tradicional e, por consequência, ao desmazelo atual do casamento, restando aos divãs a responsabilidade das repostas para estas mudanças.

Ao contrário do casamento do passado, onde prevalecia também a vontade da relação sexual, agora permanece com menos vibração para se chegar ao ponto da união, não há conotação desta relação, o sexo em primeiro lugar. Os novos costumes e as necessidades abreviaram a fatigada antecipação ao enlace matrimonial. A evolução trouxe barreiras evidentes para a união ainda muito cedo. Os motivos são muitos e diversos. As situações e condições se misturam, a evolução trouxe transformação, desde a libertinagem à liberdade sexual por pretensão ideológica. Por consequência, não há mais necessidade do casamento por este motivo singular, o sexo. No **passado**, certo ou errado, os prostíbulos contribuíam em detrimento do casamento, no entanto, mesmo assim, o casamento se mantinha; hoje, não mais necessário, com a liberdade sexual, esta condição de prática ficou em desuso. Considera-se ainda, além da normalidade sexual, que os interesses também se individualizaram devido à liberdade da mulher. As ideologias e conceitos da relação entre o sexo masculino e feminino se dispersaram, talvez por conta da evolução ou por motivação política ideológica e resultou a indiferença. Fez surgir um novo assunto relevante, a ideologia de gênero, a homossexualidade que sempre houve, no entanto, hoje a motivação é cultuada, a manifestação é aberta às custas da pretensiosa "evolução sexual negativa", tudo na transição do século XX para o século XXI, contribuindo para o desequilíbrio da sociedade e trazendo o descaminho da educação tradicional. Não nos cabe julgar, mas sim alegar fato notório, explícito a olho nu, em todos os lugares e principalmente a perversidade nos corredores das universidades.

Enfim, são muitos os motivos que fazem a diferença, a preferência ou não do casamento à moda de outros tempos. Se, por um lado, recorria-se aos benefícios da prostituição em casas especializadas, hoje não há necessidade desse recurso. Está à disposição da vontade da livre escolha a gosto e por todos os lugares, bares e principalmente a perversidade nos corredores das universidades. Com isso, surge a sutil impressão da possibilidade de melhor acerto e consciência para se chegar ao casamento, mas não é isso o que acontece. Essa transformação faz com que o casamento ocorra com maior facilidade, casa-se cedo e separa-se rapidamente, ao contrário do passado, onde se visava primeiramente ao casamento para relação sexual. Pelos costumes não havia separação, por força da castidade, mantinha-se o casamento; a mulher para a casa de seus pais não retornaria, era preparada e condicionada para o casamento.

No **presente,** com a evolução, chega-se com a falsa certeza do acerto, com a falsa determinação da livre escolha por força das dificuldades sociais e financeiras. Assim, deliberando ao seu gosto exclusivo, insatisfeitos, dão fim no casamento quando e como quiserem. Esta possibilidade de decisão se deu graças às reivindicações do passado, o direito natural da mulher, afinal, sexo não se faz sozinho; agora elas têm o direito do que não estava em suas mãos, a liberdade. Os tempos são outros, as estratégias não são mais as mesmas. Por exemplo, em um bar, verifica-se a diferença cultural, a falta do *glamour* não por machismo, divide-se a conta naturalmente. Por isso, as diferenças entre o casamento do passado e o atual. As divergências por conta desta transformação, os benefícios ou os malefícios, é difícil quantificar o que traz a esperança ou a desesperança da união.

No **passado,** casava-se literalmente com a família, havia maior comprometimento e respeito pelas tradições, os pais, os avôs se conheciam, com a imigração para outras terras, as famílias se dispersaram, por consequência se desconheciam, uma salada cultural.

Atualmente, com a diferença cultural generalizada e o liberalismo de maneira geral, o casamento contemporâneo não resiste, desfaz-se facilmente, independentemente da cultura, acaba por gerar questão de **interação psicossocial**. Senão apenas para o casal, para os filhos, uma questão abrangente, no mínimo de difícil resolução. Esse resultado é transparente no comportamento desta nova geração. Casamentos desfeitos e filhos adolescentes sem perspectiva, à revelia da tradição.

Enfim, o casamento, se eficaz, firme e consciente da responsabilidade, gera a certeza da manutenção da família tradicional por trilhos retos, mesmo que em tempos sinuosos. Caminhos retos trazem alegria e perseverança. Caminhos sinuosos, a certeza da tristeza da dor oculta, escondida no coração que não se vê, porém, nítida a falta de brilho nos olhos dos casais separados. A morte dos sonhos gera a necessidade de um novo e genuíno horizonte, um novo recomeço em uma nova estação, seja no verão ou no inverno.

Vulnerabilidade dos sexos

No passado havia a distinção entre a educação do filho homem e da filha mulher, o moleque criado na rua e a menina educada para o casamento dentro de casa; atualmente, é no mínimo incontroverso. Essa distinção ocorreu por toda a evolução, a filha mulher era criada com todos os cuidados, a manutenção da virgindade para o casamento e o filho homem com a pretensão e aptidão quase que exclusiva, incentivados ao sexo a todo custo, com o chavão popular pejorativo de que "prendam suas cabras que meu bode está solto". Assim era a cultura em outros tempos não muito distantes; o machismo imperava absoluto sobre as vantagens e os benefícios dos filhos do sexo masculino. No **presente**, já no despertar da puberdade, vem à luz a majestosa habilidade e sensibilidade feminina, manifesta-se segura, equilibrada a toda prova, deixa distante a insegurança e vulnerabilidade do jovem neófito, nos caminhos ainda do início das suas atribuições, o conceito pretendido do filho macho.

Para esta analogia, assunto não observado nas consequências deste tema, parece ser distante do objetivo deste livro, mas faz relação, trouxe reflexo negativo e determinante para o desiquilíbrio da educação sexual tradicional, por reflexo o descaminho na boa formação dos jovens de ambos os sexos. No presente, somadas todas as circunstancias da evolução, na transição dos séculos XX e XXI, deu-se por consequência da pretensão ardilosa a inclusão de métodos e teorias duvidosas nas escolas. Por consequência, também a má informação pelos meios de comunicação, como se fosse uma cortina de fumaça, às cegas, trouxe a desconstrução da educação e a instabilidade da família. Não obstante, a contribuição planejada do assistencialismo enganoso, em especial nos países subdesenvolvidos, a família dispersa, focada nos afazeres do trabalho para a subsistência, infiltraram com o objetivo da deseducação, a malícia, ao contrário da boa educação tradicional. No passado, com os filhos na escola havia a segurança não apenas dos filhos, mas em especial a dos pais.

Essa escrita não é apenas de característica crítica, mas, sim, para alertar, expor a realidade entre as relações desses novos tempos, às custas da política ideológica de gênero destas últimas décadas, com métodos distorcidos, trouxeram a instabilidade na sexualidade, a ponto da escolha de sexo: o homem vira mulher e a mulher vira homem. O fim dos tempos.

Por reflexo do surgimento de opções imagináveis nas relações de gênero entre os sexos, por força de lei, querem que haja o entendimento por unanimidade, por opressão pretendem obrigar o incompreensível com naturalidade das novas e inúmeras relações entre os jovens e a aceitação dos pais, as pérolas do século passado. Querem o domínio e o comando das relações humanas, o homem tradicional no consciente não consegue calar, engole seco, não admite. Nos dias atuais, a certeza desse reflexo negativo, outrora, os privilégios da educação tradicional, ao contrário da realidade deste novo século, fazem sofrer a incompreensão com os efeitos da evolução. Portanto, essas medidas, por interesses políticos desordenados, trouxeram o desequilíbrio na convivência da estrutura familiar, ocasionando a vulnerabilidade das pretensões e escolhas das relações masculinas e femininas, ao avesso de Gênesis 1:28, da Bíblia: "*Sejam férteis e multipliquem-se! Encham e subjuguem a terra! Dominem sobre os peixes do mar, sobre as aves do céu e sobre todos os animais que se movem pela terra*".

Com isso, mantemo-nos com a tradição das relações sexuais, menino no banheiro masculino e menina no banheiro feminino, não há ideologia de gênero que fortifique o nascimento. Para os mandamentos da natureza não cabe tamanha aberração, não há reprodução, quiçá no futuro a reprodução de humanos em chocadeiras elétricas, isso não é bom.

A narrativa sucinta deste título não é apenas com a diversidade nas relações humanas que seguem os seus caminhos, mas para fazer entender que se deve perpetuar a relação sexual entre o homem e a mulher, desprovidos de preconceitos e manipulação da livre escolha. A manutenção da consciência da tradição de relacionamento sexual entre o homem e a mulher, isso deve prevalecer, exceto a disfunção biológica desde o nascimento que inibe a escolha. Sobre esses mistérios não nos cabe intervir, as alterações das características sexuais desde o nascimento são os desígnios da natureza, não cabe ao homem interferir, por isso, apenas resignar-se.

Virgindade

Conhecer a si mesma, saber da sua potencialidade emocional e as limitações do seu interior, ajudará a evitar equívocos e a manutenção sexual ativa sem traumas no futuro, com o benefício da idade apropriada, nos caminhos sinuosos em que se inicia a sexualidade. Isso é o ideal, mas é possível?

Fortalecer o autoconhecimento vai proporcionar e facilitar a livre escolha sem interferência do risco enganoso que não se imagina, de quem fará parte deste momento ímpar, não se perde a virgindade duas vezes, apenas uma vez com a escolha do príncipe encantado para toda a eternidade. O sonho do politicamente correto no comportamento sexual perante a sua vontade, a família e a tradição é bom, salvo exceção, é ilusão.

Não queremos, aqui, diagnosticar o tempo ou a idade para que aconteça a primeira relação sexual, o desvirginamento tanto da jovem mulher, como de um jovem neófito, ambos com hormônios à flor da pele, sedentos de sexo. Não é isso. A compreensão não é do tempo, mas das condições da confiabilidade de segurança do resultado final, porque com a pouca idade não há conhecimento das consequências que poderão marcar o seu futuro negativamente, caso haja frustração. Pergunte-se, olhe para os lados e veja quantas de suas amigas casaram-se com o seu primeiro namorado ou seu primeiro parceiro sexual!

Não haveria razão deste título, não fosse o conhecimento da indignação ou o arrependimento de situação de frustação com relação ao desencanto do primeiro ato, no primeiro momento após o término da relação, quando o príncipe vira sapo.

As consequências normalmente se divergem ou dissipam naturalmente por variantes de resultado à capacidade de compreensão individual, a segurança. Com isso, às vezes a dificuldade e o agravamento de insatisfação se arrastam apenas individualmente, sem reflexos. Muito acontece, estender genericamente para a família, por gravidez indesejada, comprometimento financeiro na ânsia de prosperidade no relacionamento, almejando o sonhado casamente, o amor que não se mede, traz consequências também de ordem social e financeira.

Estava crédula na perseverança da união pelo casamento, a frustração da virgindade não mais o papel principal, uma pedra a mais no caminho, para quem pensava no aconchego da família, com o casamento nos conceitos da tradição, que não aconteceu.

Ter o entendimento de que a não realização dos sonhos da puberdade e não haver consequência maior, além dos sonhos, utilizar a majestosa habilidade e sensibilidade feminina, que se manifesta segura, equilibrada a toda prova, deixa distante a insegurança e vulnerabilidade nos caminhos ainda no início das suas atribuições, como mulher, na vida. Sim, isso é possível.

Testosterona

É determinante entre as diferenças, não apenas hormonal, mas a diferença que move as decisões do mundo, a testosterona. No homem, a testosterona é produzida nos testículos, é uma característica própria masculina, implica crescimento de pelos, na voz e em tantas outras diferenças. É notada pela força, robustez, mandíbula desde os tempos primórdios. É visível desde a diferença de comportamento entre os meninos, pela força, e na escola é visto quem será um líder. Vamos ilustrar a nossa teoria, a vulnerabilidade do homem em razão da diferença hormonal; aproveitamos os ensinamentos do *best-seller* do escritor inglês Steve Biddulph, ***Criando meninos***, onde ilustra em benefício do nosso conhecimento e afirma que logo depois do nascimento: "*vai ter tanta testosterona em sua corrente sanguínea quanto um garoto de doze anos [...].*

Aos quatro anos, por razões que ainda ninguém compreende bem, os meninos recebem uma súbita onda de testosterona: os níveis dobram [...].

Aos cinco anos, o nível de testosterona caí pela metade... Em alguns momentos, entre os onze e os treze anos, os níveis de testosterona voltarão a subir significativamente, chegando a 800% em relação aos primeiros anos de vida [...].

Aos quatorze anos, o nível de testosterona está no máximo, os pelos pubianos, a acne, um forte impulso sexual e uma inquietação difusa podem deixar [...].

Aos vinte e poucos anos, as coisas se acalmam em relação aos hormônios. O nível de testosterona continua alto. As ereções estão um pouco mais controladas. O hormônio continua a conferir a ele características masculinas mesmo mais tarde, tais como colesterol alto, calvície, pelos nas narinas e assim por diante! O lado positivo disso tudo é que a testosterona dá ondas de energia criativa, o gosto pela competição e a vontade de proteger. Espera-se que essas energias sejam canalizadas para atividades e para escolhas quanto à profissão, assim como uma vida sexual feliz, trazendo todo tipo de benefício e satisfação [...]. Ao passar dos quarenta, seus níveis de testosterona sofrerão um declínio lento e gradual. Haverá dias em que ele nem vai pensar em sexo! Na cama, a qualidade vai substituir a quantidade [...] não precisará de mais nada, estará mais maduro e ponderado. Valorizará a amizade e, então, conseguirá dar suas melhores contribuições para o mundo. [...] Não existem meninos iguais – o que descrevemos aqui é o padrão para o menino comum. Há, entretanto, uma grande variação entre as pessoas do sexo masculino e também muitos pontos em comum entre os sexos [...]. Compreender os hormônios dos meninos e seus efeitos significa compreender o que está acontecendo, ser útil e agir com solidariedade. Assim como o bom marido entende a TPM (tensão pré-menstrual) de sua parceira, os bons pais entendem a TPM (testosterona precisando de moderação) do filho homem [...].

Um famoso estudo ilustra bem como a testosterona afeta as psicologias dos machos. Um grupo de macacos era observado de perto em um laboratório, para que se aprendesse como funcionava sua estrutura social. Os pesquisadores descobriram que os machos tinham uma hierarquia definida ou ordem social [...].

Mas a ideia de que os hormônios afetam o comportamento dos meninos não é aceita por todos. Algumas biólogas feministas argumentam que os homens produzem testosterona por condicionamento, que resulta do modo como são criados. Há nisto uma meia verdade. Um estudo conclui que os meninos que vivem em ambientes escolares ameaçadores ou violentos produzem mais testosterona. Quando uma escola modificou seu ambiente, tornando-o mais amis-

toso, onde os professores não gritam nem ameaçam, e a violência é tratada com programas especiais, os níveis de testosterona dos meninos caíram consideravelmente. Então, tanto o ambiente quanto a biologia tiveram influência. Mas o ambiente só influencia o hormônio. Quem cria é a natureza – junto com o calendário interno dos meninos. Uma relação bem-sucedida com os meninos significa aceitar sua natureza e orientá-la para o melhor caminho. Tentar transformar meninos em meninas é um projeto destinado ao fracasso".

Concluímos, que se a testosterona afeta a psicologia do macho na vida animal, essa função ou disfunção também afeta o funcionamento da estrutura social do homem. Somos animais racionais, somado o excesso de testosterona. Se os animais machos têm uma hierarquia definida ou de ordem social, imaginemos no homem a dificuldade de controle desta função hormonal descarrilhada e excessiva em relação à mulher. Com tudo isso, ainda lhe resta o comportamento pelo controle social, às custas dos costumes da boa tradição, ao contrário do que lhe impôs gratuitamente a natureza. É de difícil compreensão para o homem com os níveis de testosterona normais. Aceita, mas sofre.

Referência:

BIDDULPH, Steve. **Criando meninos**. São Paulo: Editora Fundamento Educacional Ltda., 2005, 38-43p.

Homem gosta de sexo, a mulher também de relacionamento

A forma ou fôrma está errada, o conceito de força e de provedor desde os tempos remotos devem prevalecer com relação ao apetite sexual. Não se desconsidera a sensibilidade, a graciosidade e a capacidade intelectual da mulher, muito menos como genitora. Porém, é manifesta a diferença da natureza física evolutiva entre o homem e a mulher. A formação grotesca da sua própria natureza, nada faz superar o atrevimento biológico herdado, por insistência e conveniência da amenidade cultural. Mesmo com as objeções e oposições dos conceitos e dos requisitos do casamento, sem alternativa, o homem aceita casar-se por amor, talvez na ilusão da satisfação do desejo de felicidade e de sexo, e aceita a monogamia. Mesmo contrário à natureza biológica, rende-se à tradição do casamento, alheio à compreensão sexual. Com a reserva de que ele, o homem, gosta de sexo e a mulher também prefere o relacionamento.

Contudo, eis as diferenças das formas e fôrmas que foram instituídas com relação ao sexo, salvo exceções, que acabam por aceitar ou não a manutenção dentro do relacionamento de casado.

Essas exceções geram duas situações: o homem contrariado acaba por não suportar o casamento, e o outro, às vezes mesmo contrariado, acaba por aceitar. Vejamos.

A diferença persiste na aceitação dos benefícios do sexo em casa e atende às suas necessidades parcialmente. Mesmo assim, o homem acaba por **não** suportar o casamento ou o casamento acaba por não suportar o homem de características livres e não entende a reclusão sexual. Por motivo de insatisfação na relação sexual, chega-se ao fim do casamento.

Por outro lado, o cumprimento das exigências e dos requisitos estabelecidos para o casamento são levados em consideração, **aceita** a tradição de gerações, não sofre. Mesmo contrário à formação da sua natureza biológica, acaba por aceitar, é sereno, dá-se por satisfeito e encontra o equilíbrio.

Amizade não tem sexo

As lembranças da inocência na infância podem nos levar à melhor compreensão de que a verdadeira amizade não tem sexo. Inúmeras são, inúmeras eram as amizades, não havia distinção, nas brincadeiras todos eram simplesmente meninos e meninas. No despertar da puberdade, quando ocorre naturalmente a distinção entre os amigos de sexo oposto, surge a diferença inocente da amizade, com o sentimento voltado para a ilusão da primeira paixão ou, pelo menos, simplesmente a descoberta da distinção de amizade.

Nesta fase, os hormônios falam e interferem na distinção. Além disso, o que resta são as verdadeiras amizades de sexo oposto, que se arrastam pela eternidade na vida de cada indivíduo, a sociabilidade. A incompreensão deste raciocínio é uma das causas que levam à desordem no relacionamento de casais. Não compreendem, por insegurança, mal sabem que estão se valendo de uma ferramenta equivocada, ciúme descabido fragiliza o relacionamento.

Ao trocar ideia desse raciocínio com amigos, de que a amizade não tem sexo, como se fizesse uma pesquisa, muitos foram categóricos de que não é possível a verdadeira amizade do homem com a uma mulher, por diversos fatores: se ela for casada, se tiver namorado e, principalmente, se for bonita.

Concluímos por raciocínio logico que em qualquer uma dessas situações, no verso dessa moeda, pode acontecer a esfinge de uma deusa a despertar seu sentimento e, desprovido do sentimento de amizade, uma exceção, pode ser a sua cara-metade. Sobretudo, ainda se o homem for pego de surpresa, no interior do seu íntimo, interessado nas curvas do corpo ou, estático, observando a suavidade das palavras ao saírem dentre os lábios de uma amiga, estará entregue à cortesia do início dos meandros da paixão ou entre linhas de uma amizade colorida. Entre uma ou outra situação, devemos saber que para as relações do coração não existe lugar, muito menos hora marcada para acontecerem ou acenderem a chama de um novo sentimento, verdadeiro ou colorido. A manutenção da relação deve ser mantida na confiança e segurança do que se oferece e recebe mutuamente. Não há alternativa para a tentativa de reclusão: onde não há liberdade, não existe felicidade. Acontece.

Portanto, se existe amizade entre um homem e uma mulher, fora isso, nos desígnios do amor não podemos separar o inevitável. Despertando o interesse, restará apenas um novo relacionamento que nasceu entre dois amigos. As circunstâncias desta situação não são diferentes entre tantas outras maneiras de se iniciar um relacionamento, desde que naturalmente não haja impedimentos. O acontecimento é único, entre tantos amigos de sexo opostos, não nos dobramos todos os dias às peculiaridades de uma nova paixão, que envolve a atração, o desejo de felicidade e sexo. Troca-se de roupa todos os dias, da nossa verdadeira cara-metade, não.

Amizade colorida

Nestes novos tempos, muito se fala em **amizade colorida.** Nesse caso, os motivos são ocasionais ou ocasionados, talvez, por traumas de relacionamentos frustrados, solteiros sem interesse de relacionamento de namoro. Neste título, conclui-se que é perfeitamente possível afirmar que amizade tem sexo, porque é notório o termo e a existência de amizade colorida na sociedade, portanto, a amizade sempre existirá antes do relacionamento. Se não existisse esta situação, não seria manifesto o conhecimento desta relação.

Esta modalidade de relação de amizade colorida não acontece necessariamente entre amigos, entendendo que apesar do nome estabelecido "amizade colorida", pode vir a acontecer entre pessoas que não se conheciam anteriormente ao início do relacionamento, não eram amigos.

Não é uma amizade normal e também não é um namoro tradicional. Envolve contato físico, carícias, sexo e existe cumplicidade. Ao contrário disso, se um deles for casado, tornam-se amantes.

Nesta condição de relacionamento prevalece apenas a amizade com sexo, sem compromisso formal perante a sociedade, não há cobrança, exigências, apenas a diversão por sexo satisfatório. A honestidade deve prevalecer, a relação não necessariamente precisa ser oculta aos olhos da sociedade, pode ser transparente e de liberdade ilimitada entre ambos para com os amigos, admitem a amizade colorida. A consciência do caminho sinuoso é evidente, não se deita com um bom inimigo, porém, corre-se o risco da perda de um bom amigo solteiro.

Na cama ou fora dela, tudo é permitido, não existe compromisso. Confundir essa modalidade de relacionamento com exigência de exclusividade é certeza de conflito, vira namoro ou prevalece a separação da relação informal que não existe. Afinal, não há compromisso, o propósito é apenas por atração física, sexo por sexo para a satisfação de ambos, para curtir o momento ou, na pior das hipóteses, para brincar com fogo. Os riscos de sentimento de posse e cobranças de exclusividade são grandes, os encontros devem ser ocasionais, normalmente em campo neutro, na cama de ninguém. Nos encontros sociais, frequentar a casa um do outro com o risco do questionamento se é amizade colorida ou namoro. Nestas condições, a pretensão de um relacionamento sério pode surgir ocasionalmente e dividir-se entre amizade colorida em benefício do namoro. A frequência da amizade colorida pela mulher, em outras circunstâncias ou com parceiros diferentes, gera a probabilidade de estar praticando a prostituição gratuita. No caso do homem, em outras circunstâncias de pluralidade de relação sexual, a denominação deixo a critério do leitor.

Contudo, há de prevalecer o bom senso para não arriscar amizade valiosa ao gosto incerto da satisfação sexual. É preciso colocar na balança o risco de se confundir o erotismo e a necessidade da troca de valores da verdadeira amizade por sexo. Se de fato compensa, vira namoro ou acaba a amizade. Por isso, há de se observar a manutenção da amizade para poder dizer grandiosamente que a amizade não tem sexo, que a relação é distinta e há amizade de fato. A amizade verdadeira, independentemente de sexo, acolhe um ao outro em todos os momentos, divide-se na alegria e se supera nos momentos de tristeza em primeira mão. O sexo na amizade colorida pode ser passageiro, cabe a cada um assumir o risco dos seus efeitos.

Antes do Casamento

O conteúdo do capítulo "Antes do casamento" será trilhado por histórias da vida real, com o nome fictício Johnny. A relação de uma vida, paixão versus sexo ardente e a incompreensão nos relacionamentos da necessidade de sua liberdade.

Esse jovem, ainda na escola e depois como universitário, faz a narrativa dos seus prazeres e seus mistérios. No seu imaginário como ficção, como se fosse um artista plástico, é um autodidata especializado em nu artístico, um bom malandro, porém educado nos bons costumes e na tradição.

Obediência aos pais

Neste livro, insisto na abordagem que escrevi em *As 3 fases da vida com sucesso*, sob os olhos do título "A incompreensão da desobediência aos pais", por considerar que a desobediência do filho leva em grande parte percentual aos problemas advindos no futuro, tanto no aspecto daquele livro, a dificuldade do filho para o sucesso profissional, quanto neste a abordagem para o insucesso na vida do relacionamento a dois, o casamento equivocado por desobediência aos pais. Vejamos.

"Ainda há um fio de esperança, acatar os exemplos dos pais, ouvindo, seguir o aprendizado com a intenção pura e verdadeira, alavancar a prosperidade do seu bem maior, você! O filho. Poucos têm a oportunidade de ensinamento gratuito na base da educação à disposição, os pais o fazem. Deve-se buscar a consciência em saber ouvir, não se aprende nada falando, aprende-se ouvindo aquele que se propõe a educar e ensinar. Somente eles fazem isso gratuitamente e por amor, seus pais. Porém, salvaguardados por Provérbios 13:24: 'Quem se nega a castigar seu filho, não o ama; quem ama, não hesita em discipliná-lo'. O que vemos, infelizmente, é a pouca aceitação dos filhos, desta nova geração, deste novo século, a dificuldade em aceitar os velhos conceitos". A falta de perspectiva na continuidade da tradição na educação, um conceito confuso, penso

que é motivada pela multiplicidade de métodos pedagógicos, tecnologia e a evolução descompromissada com o zelo, que trouxeram influências negativas de todos os gêneros e foram impostas aos pais "goela abaixo". *"Faz parecer que toda a experiência dos tempos dos nossos avós, que escolheram o caminho da tradição por inspiração religiosa, para estes tempos de nada serviu"*. Os professores também são pais, as dificuldades e os conflitos são os mesmos do momento de transição entre os séculos XX e XXI, que trouxeram o desajuste da tradição educacional. O professor foi educado em casa com os velhos princípios morais e com boa educação escolar. Uma sistemática incompreensível, pais, professores paparicam os seus filhos, no balanço dos desencontros de métodos, acabam sendo flexíveis, confundem os filhos e geram a desobediência. Depois, certamente pagarão o preço, o mundo de portas abertas para o futuro, a frustração é inevitável. O filho esquece a tentativa da boa educação ofertada gratuitamente pelos pais. Com isso, por analogia, fica claro que não aprendeu a receita do velho pão caseiro, que, sem influência de fermento, faz-se com água, sal e trigo. A boa qualidade do pão é, por consequência, da isca deixada para a próxima fornada, para o futuro. Assim é a educação, o passado soma, contribui com a tradição e que outrora os pais receberam. Negar isso é assinar um atestado de fracasso da sua existência. Como o pão caseiro, que se faz com três ingredientes, a educação se constrói com amor, disciplina e bons exemplos. Questionamos no início deste título a razão do desequilíbrio na educação e formação, que compromete e se vê a olho nu. Observa-se nos dias de hoje situação constrangedora, não por culpa exclusiva dos jovens, mas pelo caminho natural da evolução, por exemplo, a má influência da informação visual, oral e escrita. A telecomunicação audiovisual cresceu e, sem resistência, trouxe dificuldade extrema para a educação em todas as classes sociais. Por consequência, o filho longe dos bons princípios morais e da estabilidade financeira, a escassez no horizonte, um sonho que se tornou limitado. Impossibilitados, os pais padecem, salvo raras exceções, os mais atenciosos, contrários a esses comprometimentos. Acredito fielmente, se dada a credibilidade para a velha educação familiar, com o devido cuidado escolar, seguir em frente, com os olhos voltados para os valores desta magnífica geração do passado em extinção. Irá fazer florescer um novo caminho para o jovem de hoje, a certeza de sucesso no amanhã. Um novo jeito de ver a vida e pensar positivamente, a certeza do melhor conhecimento para a satisfação profissional. Consequentemente, o otimismo trará motivação e contribuirá infinitamente para o sucesso pretendido deste jovem sonhador. Portanto, quanto à necessidade natural do zelo dos pais pelos seus filhos, cabe a eles a honraria, não por serem superiores, absolutamente, mas pelo crédito da paternidade, da maternidade, a vida. O pensador Aristóteles, de inteligência ilimitada, considera nas suas escritas os filhos como eternos devedores aos seus pais: *"(...) a amizade pede a um homem que faça o que pode e não o que é proporcional aos méritos do caso, visto que isso nem sempre é possível (por exemplo, no caso das honras prestadas aos deuses ou aos pais), pois ninguém jamais lhes poderia pagar o equivalente do que recebe, mas o homem que os serve tanto quanto está ao seu alcance é considerado um homem bom. É por isso que não parece lícito um homem deserdar seu pai (embora o pai possa deserdar seu filho); como devedor que é, deve pagar, mas nada do que um filho possa fazer será equivalente ao que recebeu, de tal forma que ele continua sempre em débito. Mas do mesmo modo que credores podem perdoar uma dívida, também um pai pode fazê-lo. Ademais, pensa-se que ninguém repudiaria um filho, a não ser que este fosse profundamente; com efeito, deixando de lado a amizade natural entre pai e filho, é próprio da natureza humana não negar ajuda a um filho. Mas se este de fato é perverso, evitará ajudar o pai ou não fará muito empenho nisso, pois a maioria das pessoas deseja receber benefícios, porém, evita fazê-los por considerar que isso não lhe traz proveito".* Assim, conclui-se que a obediência aos pais é condição primeira para a livre escolha, nos conceitos da boa educação, trilhar com sucesso, também, nos desejos da felicidade, via instituição de casamento, ou por mera satisfação de realização de estar do lado da pessoa certa, sem clichê.

Johnny era menino esperto, maroto, porém consciente de ser eterno devedor aos seus pais. Nascido na década de 1960, no Rio de Janeiro, descolado, menino de praia, surfista, louro de cabelos compridos, descompromissado com a vida, na escola era de talento regular, porém altivo. Ainda criança, esnobava ser artista plástico por natureza, arriscava-se junto aos turistas em Copacabana, o autorretrato, na garantia de que, se não gostasse do trabalho, de graça ficaria. O cara, por se dizer um bom malandro, apesar de menino. Mas, na década de 1970, a farra acabou. Para outro estado sua família residiria, não mais as praias cariocas dos mares ensolarados, mas para as águas do estado do Pantanal.

Alternativa não havia, a alegria dos sonhos do menino de praia, ainda adolescente, resignou-se a ver o futuro em novos horizontes, pensa ele, surfar nas águas quentes do Pantanal.

Ingenuidade

Existe em qualquer idade. Aqui, a distinção da ingenuidade está entre a falta natural por inocência ou desconhecimento. Em qualquer momento ser ingênuo ou em qualquer idade, ser ou não ser, vai fazer a diferença. Ocorre em circunstâncias distintas, acreditar equivocadamente em situação que leva à frustração por ter sido ingênuo. No contexto deste livro, a ingenuidade está na singeleza da adolescência, a pouca idade revela a transparência da inexperiência, mas a criança é feliz. Na pureza, acredita e acontece o amor juvenil e faz viajar pelo mundo encantado, como se estivesse em um balão mágico imaginário, não na Terra, talvez próximo aos anéis de Saturno. Assim, se considera feliz por completo e acredita no amor eterno. Nos encantos da música, não por ingenuidade, mas pela inocência de felicidade, a letra da música, as Asas da Imaginação, *Superfantástico,* do grupo *Balão Mágico,* do compositor Edgar Poças, revela o sonho da felicidade eterna, um trecho diz assim:

Superfantástico amigo
Que bom estar contigo
No nosso balão!

Vamos voar novamente
Cantar alegremente

Mais uma canção
Tantas crianças já sabem
Que todas elas cabem
No nosso balão

Até quem tem mais idade
Mas tem felicidade
No seu coração

Sou feliz, por isso estou aqui
Também quero viajar nesse balão!

Superfantástico
No balão mágico
O mundo fica bem mais divertido!

Sou feliz, por isso estou aqui
Também quero viajar nesse balão!

Superfantasticamente!
As músicas são asas da imaginação
É como a flor e a semente
Cantar que faz a gente
Viver a emoção

Vamos fazer a cidade
Viver a felicidade
Com a nossa canção
Vamos fazer essa gente
Voar alegremente

No nosso balão
Superfantástico
No balão mágico!
O mundo fica bem mais divertido!

No começo é assim, a ingenuidade confunde-se com a inocência. Quando o amor reluz, raras exceções, o mundo fica mais divertido. Do primeiro encontro ao desencontro vai aprender, e no doce amargo dos novos caminhos vai reencontrar nas incertezas das estações da vida, como se estivesse de olhos vendados, ao lado das incertezas, fará ir em busca de um novo recomeço.

A vida não admite ingenuidade, os encantos da adolescência no corpo adulto, viajam no passado, outrora, as boas recordações.

Apesar do tempo, restam as boas lembranças, mas a ingenuidade pode trazer consequências para toda a vida. Olhe para os lados, senão na própria família, para o vizinho, a gravidez indesejada; a paternidade, a maternidade, ainda jovem demais, confunde-se aqui novamente a ingenuidade com a inocência. Confunde-se não apenas com os sonhos, mas com as fases da vida pretendida e vai fazer sofrer. Forçosamente a vida continua, os trilhos estão designados para o futuro, não na certeza da próxima estação, mas nas incertezas das estações da vida. Ajuste-se, a vida segue nos tropeços em busca da felicidade, plena ou ocasional, e pode acontecer ou marcar a frustração por todos os tempos. Por isso, os cuidados para com a vida, dentro ou fora dos trilhos, a máquina da vida, enfurecida sobre os dormentes, com ou sem o sinal sonoro, não se importa, passa por cima. Ouça os bons conselhos e defenda-se.

Saiba que entre os caminhos das três fases da vida – do antes, durante e depois do casamento –, a vida, como um livro aberto de páginas em branco, dispensa uma caneta para a escrita. Tudo vai acontecer naturalmente no decorrer dos tempos. Os efeitos das suas escolhas serão armazenados e marcados, como se tivessem sido escritos, não nas páginas do livro, mas na memória das boas realizações, e as frustrações ficarão guardadas no inconsciente que faz sofrer. Por isso, os cuidados na liberdade da livre escolha cedo demais. Cuide-se!

Johnny, na ingenuidade singela da sua adolescência, 15 anos, mesmo com a pouca idade revela a transparência de sua experiência, como criança feliz, de se tornar um desbravador. Como se os mistérios do novo, da nova moradia em terras distantes fossem um renascer. Agora não mais com a nascente, os primeiros raios, mas com o poente, os últimos raios de luz. Estado conhecido pela bravura dos animais, a cultura dos enigmas das fronteiras com os países vizinhos, para ele uma nova realização, conquistar e crescimento.

Sedução

É o início de tudo, no conceito do que é bom, a arte de querer algo para si, não pela força, mas pela suavidade de conquistar pela sedução. É o poder do convencimento para que o que se deseja venha parar nas suas mãos. As realizações das vontades, por exemplo, desde criança são rodeadas inocentemente pela sedução, querer – custe o que custar – obter algo para a sua satisfação, os brinquedos. Nos animais, instintivamente, um prenúncio do acasalamento, é facilmente observado o interesse e a manifestação das preliminares do ato sexual, como se fosse a sedução. Porém, não é difícil observar a fidelidade das araras, o acariciamento natural, independentemente do acasalamento.

Contrariando a pretensão de ofertas de *sites*, *coaches*, autores de livros de autoajuda, entre tantos que insistem em técnicas para conquistar por meio da sedução, com métodos de convencimento técnico que desmerecem a natureza humana, a sedução está naturalmente na essência de cada um de nós. Desde os primórdios, desde o começo da criação, o acasalamento das espécies acontece naturalmente pelo simples ato da sedução, ao êxtase. Para isso, com mais ou menos intensidade, a sedução há que ser praticada naturalmente. Existe uma vontade, o desejo antes da realização da relação, aí a manifestação da sedução, um olhar faz despertar, exteriorizar o que está em você, incomoda, queima e deixa impaciente. Tudo ocorre na proporção da natureza de cada um, acontece no trabalho, por todos os lugares, a sociabilidade contribui e vai deixar perto para que ocorra naturalmente a sedução, ***"os fins justificam os meios"***, frase proferida pelo poeta romano **Ovídio**. O resultado da prática da sedução, a reciprocidade ou não. Aqui observamos a coincidência ou o destino da resposta da sedução, que aproxima, é o sinal verde de que a sedução aconteceu. Agora sim, a dificuldade é outra, o risco da interpretação do acerto, a soma da sedução com a personalidade e as diferenças de cada personagem. Inicialmente deixou-se levar pela feição, a magia que agradou aos olhos. Somos diferentes, fomos educados por culturas e viemos de lugares também diferentes. Isso pode fazer desmoronar a pretensão da realização de ter encontrado a sua cara-metade. Na universalidade das diferenças entre o homem e a mulher, coincidir por completo a sedução é como encontrar uma agulha num palheiro. Quando correspondida, é como um convite aceito para a satisfação dos desejos do coração, a convivência aprimora, traz luz para a imaginação e faz pensar no futuro, é o amor.

No entanto, a nova cultura do século XXI contribui de forma contrária aos prazeres da boa sedução. Nas escolas, convenhamos, meninos e meninas do ensino fundamental estudarem na mesma sala de aula é compreensível, o que já ocorria no final do século XX. Porém, inadmissível, nas aulas de educação física, meninos e meninas na mesma atividade, na mesma prática esportiva. O efeito é desanimador, o que ocorre, o contato durante as atividades não é distinto, meninos e meninas não são iguais fisicamente. Implica não apenas contato físico da diferença costumeira, priva da sedução, torna-se corriqueiro, acaba por não ter desejo, por não ter o enigma da atração. Na atividade física, a igualdade generalizada entre os sexos não é apropriada. O menino deve ser preparado com mais rigidez, ser robusto. A força física deve ser considerada essencial para o homem; no futuro, quem vai carregar a geladeira ou um móvel de peso qualquer na sua pretensa residência, a mulher? Além disso, a convivência entre adolescentes na atividade de educação física contribui também negativamente com relação ao despertar os feromônios. A convivência, se bem observada, a dificuldade da distinção entre os sexos, não se sabe quem é quem. Não necessariamente na fisionomia dos alunos, mas no comportamento e atitudes contrárias ao seu sexo. A distância com a separação na ocasião da atividade vai, no mínimo, despertar o interesse, o mistério do olhar distante, de quem é quem. A curiosidade vai contribuir no despertar da adolescência para a puberdade, a atração para a diferença do sexo e não para o mesmo sexo. O que de fato acaba por acontecer com a intimidade com o sexo oposto atemporal, perde-se o interesse, acostuma-se de tal forma que no amanhã não verá diferença na sua livre escolha, foi inconscientemente induzido. A naturalidade de gênero deve ser admitida naturalmente, se assim geneticamente ou biologicamente acontecer. No entanto, não devemos admitir ou induzir a disponibilidade dessa escolha equivocada. À luz da Bíblia, a célebre frase do Gênesis 1:28: ***"Crescei e multiplicai-vos, enchei e dominai a terra"***. Ao contrário disso, repito, a diversidade da natureza deve ser respeitada, neste sentido não nos cabe julgar, muito menos interferir. No sentido geral deste título está a compreensão de que a sedução ocorra no seu devido lugar, meninos e meninas devem ser preparados com dignidade à prosperidade da raça humana, às exceções, o respeito devido.

Johnny, ainda menino adolescente, compreende as lições de vida por hereditariedade ou por filosofia inconsciente da necessidade de prosperidade do novo, em outras terras, com a família. Repito linhas do texto anterior, que corroboram com a sua personalidade: *"Um novo início de tudo, no conceito do que é bom, a arte de querer algo para si, não pela força, mas pela suavidade de conquistar pela sedução".* Disse como grito de guerra, faz a voz ecoar ao vento, exalta com bravura em busca de vibração para enfrentar os novos desafios: *"eu nasci no Rio de Janeiro!"* Era o poder do convencimento que necessitava para o que desejasse, para que chegasse em suas mãos na nova cidade, na nova escola, os novos amigos e a namorada que desejasse ao seu lado. Um novo triunfo, vencer.

Johnny tinha o conhecimento das incertezas desse novo lugar, bravo como antes, nas areias da praia, aqui não seria diferente, buscou o resultado da prática da sedução, a reciprocidade. Agora, não mais com os turistas, se engajava como se fosse o próprio embaixador da cidade do Rio de Janeiro:

"Aqui observamos a coincidência ou o destino da resposta da sedução, que aproxima, é o sinal verde de que a sedução aconteceu. Agora sim, a dificuldade é outra, o risco da interpretação do acerto, a soma da sedução com a personalidade e as diferenças de cada personagem. Inicialmente deixou-se levar pela feição, a magia que agradou aos olhos. Somos diferentes, fomos educados por culturas e viemos de lugares também diferentes".

A preocupação de Johnny transbordava no entendimento da diferença cultural, duas situações extremas, no Rio de Janeiro é de conhecimento a leveza e facilidade de aconchego na reciprocidade, na amizade fácil. Ao contrário, na capital do estado do pantanal, o povo fechado, de difícil comunicação, apesar do surgimento recente de estado novo, o que trouxe forte imigração. Não se rende, mantém-se com as mesmas características, solto, alegre e feliz como sempre. Diz, a cidade do Rio está lá, eu estou aqui, eu sou assim. Sem dificuldades, apesar do conhecimento da cultura ao avesso, seguiu bravamente.

Jovem, porém conhecedor dos princípios básicos de filosofia, lembra-se do seu mestre, Aristóteles, da necessidade de amigos na prosperidade e na adversidade: *"na adversidade, os homens necessitam de ajuda e, na prosperidade, precisam de pessoas com as quais conviver e para as quais praticar sua benevolência, uma vez que desejam fazer o bem aos outros... A própria presença dos amigos é agradável tanto na boa como na má fortuna, uma vez que a dor é menor quando os amigos sofrem conosco".*

Pôs-se naturalmente na conquista de boas amizades e não deixaria passar a majestosa e intelectual garota da escola. De codinome íntimo Pretinha, no ano de 1980, símbolo de beleza singela, cabelos loiros jogados ao tempo, olhos verdes, foi a felicidade do seu primeiro amor, rendeu-se aos encantos de Johnny. Na escola, no recreio, ao encontro de Johnny, correndo com velocidade, jogava-se, corpo a corpo, grudados como se fossem um só, girava alegremente a sua pequena Pretinha em círculos, como magia de ciranda, todos os dias assim procedia, os encantos e sonhos de uma paixão juvenil, que parecia não se apagar. Naqueles tempos, foi a escolha da sua cara-metade, o apocalipse da indignação de muitos, prevaleceu o ditado popular *"Se não podem com ele, unam-se a ele"*. As portas se abriram, junto à prática do esporte preferido de Johnny, o handebol.

Naquele momento, viveu a manifestação e consciência do início do poder de sedução. Naqueles tempos, ainda muito jovem, nasceria a semente do poder de penetração na intimidade feminina; apesar do relacionamento juvenil e inocente, não houve sexo, amor versus amor verdadeiro. Foi a abertura da possibilidade e astúcia de ser um homem perverso. Sua melhor amiga o desejava, absteve-se. Porém, foi o início do entendimento do desejo de sedução, custe o que custar. A contribuição, não por acaso, da manifestação do desejo de ter algo com a amiga da namorada. O amor incontido, os efeitos para aquela situação não teriam reflexo naquele momento, mas foram expressivos no futuro do jovem apaixonado Johnny. A incompreensão da infidelidade dela, da amiga, o atropelo da imaturidade, se houve revelação distorcida dos fatos pela amiga infiel, nunca soube. Mas o fim do relacionamento revelaria para a eternidade a força do amor juvenil, outrora vivido por Johnny e Pretinha. A despedida e o desconcerto ficariam documentados no "esquecimento" em uma gaveta por longos 42 anos, revelados nesta ocasião por Johnny. Naquele tempo, Pretinha, apaixonada, deleitou-se na sua última escrita, dias antes do fim:

"Bom dia, Preto!

Venha ocupar o seu lugar no sofá.

(Se você não vier, eu passo o sofá pra frente!)

Isto é mentira, o que está entre parênteses.

O resto é verdadinha, Preto!

Eu sinto saudades todo o tempo que você está longinho.

Amar é...

Saber pensar que após as briguinhas bobas...

Existe uma reconciliação.

Um beijinho.

Preta."

Recorda-se Johnny do texto final de despedida. Usou o libreto da ópera de Don Giovanni, de Mozart, Ária 4, não naquele tempo, aos 18 anos, mas tempos depois.

"Sou pobre – és a minha riqueza; sombrio – és minha luz; nada possuo, nada necessito. E também, como poderia eu possuir alguma coisa? Pois não será uma contradição pretender que aquele que nem si próprio se possui possua alguma coisa? Sou feliz como uma criança, que nada pode nem deve possuir. Nada possuo, pois só a ti pertenço; não existo, cessei de existir a fim de ser teu."

Teu Johnny

Referências:

ARISTÓTELES. **Ética a Nicômaco.** 1ª edição. Jandira/SP: Editora Principis, 2021, 103 e 226p.

SCHOPENHAUER, Arthur. **Os pensadores. Diário de um Sedutor.** 1ª edição. São Paulo/SP: Abril S.A. Cultural e Indústria, Editor Victor Civita, 1974. 219p.

Uma história de amor

O início da história de Johnny e de sua amada, de codinome ***Polaca,*** aconteceu em uma bela manhã de verão, meados dos anos de 1980, jovens, ele, nos idos da faculdade de Artes, à noite. E, no período vespertino, trabalhava em um banco para suportar os custos dos estudos. A razão de responsabilidade se perdeu ao avistar no recinto de trabalho, na porta de saída, uma loira de olhos verdes com olhar meigo, cabelos longos, corpo estonteante, a *top model* dos sonhos de qualquer homem. Não pensou duas vezes em abandonar o local para ir encontrar quem lhe chamou a atenção ardentemente. Antes, porém, foi censurado pelo amigo Franco, que lhe disse que seria loucura sair no horário de trabalho, seria demitido, pois dias antes havia recebido advertência por ter saído para frequentar a piscina do hotel de nome Jandaia, com uma tigresa de maiô provocativo, vermelho escuro, situado por sorte ou por azar, em frente ao edifício de trabalho, do quinto andar (do banco), à vista de todos. Não se importou, deu de ombros e foi atrás. Impetuoso, assumiu a irresponsabilidade e saiu em direção à bela moça de cabelos dourados. Provocou-a dizendo que não teria outra oportunidade de vê-la, por isso não negasse a sua atenção, pois certamente iria ganhar as contas, ser demitido por ter deixado sua função. Sorrindo, Polaca disse: "*Você é louco!*" Ele respondeu: "*Não! Não sou louco, diante da sua beleza não tive alternativa, trabalhos existem muitos por aí, você é única. Se for demitido, não tem problema, sou artista plástico, autodidata*". Na mesma tarde, antes de levá-la à casa, saborearam um delicioso sorvete. Era verão e a temperatura chegava aos 38 graus, à sombra. O início da relação estava selada sob a fúria da paixão e da virgindade comprometida. Por isso, talvez, com a pouca idade da sua presa, conheceu os seus pais, e a autorização para o namoro foi concedida. Naturalmente, com o tempo, o relacionamento tornou-se em uma bela história de amor. A relação apimentada aos delírios e a satisfação sexual da sua eterna Polaca, que não se continha, a sua natureza sexual como a beira do vulcão de Pompeia em erupção. Sua preferência natural exigia violência de submissão, sexo selvagem.

Polaca, feliz ao lado de Johnny, disse-lhe que viveriam o maior amor do mundo, como tudo de fato aconteceu. Johnny perdeu o emprego por ela, por isso, uma linda história de amor. Tornaram-se amigos para sempre...

A amizade após o relacionamento deve prevalecer? Houve uma relação extremamente pessoal e íntima, ao contrário disso, entendemos admitir insanidade ir contra a sua própria escolha daquele momento. E, independentemente da causa do término do relacionamento, para isso a passividade para todas as questões que levaram ao fim do relacionamento. No conceito aristotélico, uma matéria extensa, simplificamos o seu entendimento para o mínimo de compreensão, o amor e a amizade: *"mas é natural que essas amizades sejam raras, uma vez que tais homens são raros. Além disso, essa espécie de amizade requer tempo e familiaridade. Como diz o provérbio, os homens não podem conhecer-se até que tenham "provado juntos do sal", seja considerado estimável e deposite confiança no outro. Aqueles que rapidamente mostram um ao outro os sinais da amizade desejam ser amigos, mas não o são a menos que ambos sejam estimáveis e reconheçam isso, pois o desejo da amizade pode surgir de maneira rápida, mas a amizade não"*. Neste conceito, admite a grandiosidade de homens lúcidos para essa interpretação e conclui: *"Essa espécie de amizade é perfeita tanto no que diz respeito à duração como em todos os outros aspectos, e nela cada um recebe do outro, em tudo, o mesmo que dá, ou algo parecido: é isso que deve acontecer entre amigos"*. Concluímos com a sabedoria de Aristóteles o nosso entendimento sobre a relação exclusiva da amizade entre o relacionamento que não prosperou até que a morte o separasse. Vejamos: a individualidade e conceitos do homem entre si são incalculáveis, por isso a compreensão do término da relação devido à diferença em muitos sentidos, digamos, inclusive biológica. Independentemente do tempo da relação, houve a tentativa do encontro da cara-metade, por isso, no mínimo, deu certo para ambos enquanto durou.

Referência:

ARISTÓTELES. **Ética a Nicômaco.** 1ª edição. Jandira/SP: Editora Principis, 2021, 186p.

Mistérios da noite I

Não se explica, vive-se. A sede é única, não se divide. O alimento da noite está nos delírios dos momentos vividos. A magia erótica do amanhecer parece manter os desejos da vida na noite, onde os mistérios dos anjos negros também são belos e contribuem para o êxtase. Então? Por que entregar-se ao casamento muito cedo, se os desejos parecem não querer cessar e não quererem deixar levar? Então, fique!

Talvez a dúvida esteja nos conceitos da tradição. A escolha equivocada ou precoce pode eternizar o seu futuro, levá-lo ao descontentamento, comprometer e não poder voltar atrás. E, se for na certeza, mesmo assim, imagine-se na dúvida, pode haver arrependimento. Saiba que poucos viveram a noite e sentiram os enigmas do ar refrescante do orvalho na face a dois e o doce gosto do mel do carvalho num bom *whisky*, ao estilo *On the Rocks*, nas madrugadas. Viveu! Fez a sua escolha. Se fica ou se vai, saberá que aqueles foram os momentos vividos e desejados. Então, fique! No amanhã não haverá arrependimento, estará seguro de que novos momentos surgirão, não será tarde, tudo interage ao seu tempo e com a sua idade, com a boa idade. Se fez uma escolha no passado, ser solteiro com objetividade, mais experiência, inclusive financeira, no futuro novas oportunidades surgirão, você aplaude ou é aplaudido. Não existe verdade exata sobre nada, os seus desígnios são naturalmente feitos pelos caminhos da sua livre escolha, viver, ascender, vai traduzir aquilo que você pensa que é, e não o que os outros pensam de você. Nos conceitos do seu subconsciente, se não observada a vontade do verdadeiro desejo de se casar, vai sofrer ou arrepender-se. Por outro lado, sabendo que viveu a grandiosidade dos mistérios da noite, solteiro, conheceu o crepúsculo, ao amanhecer, as suas vontades realizadas de acordo com a sua verdadeira natureza, livre, vai agradecer.

Não ceda por impulso ou por dogmas da sociedade, entre aqueles que acham o que é certo ou errado, sem ter vivido mistério algum, não admita hipocrisia. Este julgamento não cabe a ninguém, é do seu livre-arbítrio. Aos seus olhos, se muito é ou deixa de ser, não importa, sabe que viveu como poucos as delícias de ser e estar solteiro. Em especial, junto aos mistérios e magia da noite, voltar para casa no alvorecer ao som de Louis Armstrong – com a belíssima música universal *What a Wonderful World* –, não tem preço.

A manutenção do seu atrevimento, a sua escolha sem pressa, no futuro com mais experiência, vão fazer a diferença positiva nas suas realizações. Na incerteza do amanhã, na consciência dos resultados que são incertos, saberá que viveu intensamente o seu momento. Ah, como poucos viveram!

Nesses conceitos, essa leitura ou literatura faz valorizar e aproveitar os benefícios que se tem quando ainda jovem, ou não muito jovem, mas solteiro. A tentativa é demonstrar e contribuir com a ação do tempo, na relação de espaço da sua vida, saber dividir as fases, no **Antes**, no **Durante** a máxima (a única certeza na relação de casados é viver até que a morte os separe ou, literalmente, a separação) e **Depois** do casamento, no caso de separação. Com precisão, cada coisa ao seu tempo, o momento adequado vai corroborar com margem de acerto. Antecipar prematuramente o casamento poderá fazer sofrer, sofrer no silêncio das suas próprias lágrimas. Pense, reflita! Na dúvida, leia este título novamente ou, se preferir, arrisque-se. Está escrito.

Johnny, naquele momento, numa transição dos prazeres da vida noturna e seus sabores, de lamber os dedos, em busca da realização profissional, estava formado e graduado. Em novas terras, na profissão ascendente, o sucesso, não no processo dos temidos tribunais, onde desfilam nos corredores em exposição a eterna arte de seus bustos, nas telas inanimadas, como de natureza morta. Mas, ao contrário de tudo, na suavidade da sua imaginação, a preferência da Arte por meio do nu artístico nas telas brancas, nos lençóis alvejantes, não de cinza, mas de manchas vermelhas traçadas e respingadas na suavidade da condução da sua espátula, ferir em nome do amor, não como desejo de pintor, mas como zelo amoroso e amante das belas mulheres. Como uma viagem que se inicia, com calma no início do caminho, aos poucos ofegante, faminto, dos belos pés, acariciando, subir, regra não há, ou descer pelos caminhos sinuosos da sua nuca, descer com beijos ardentes, atrevido, torturando, descer entre os seios virtuosos clamando desejo, os dedos insolentes, na viagem, no destino, chegarem juntos ao delírio do êxtase, escorrer entre suas coxas, o resultado de tanta agonia de não querer deixar parar, explodir. Ah! Os delírios da noite transcendem a imaginação. Sempre soube da obscuridade da alma e dos desejos do corpo de uma mulher. Era fácil para ele a compreensão das suas vontades, por isso, como nas artes, autodidata também nas realizações sexuais de uma bela mulher. Seu prazer não era o seu prazer, por primeiro era ver inundadas de desejos escaldantes no suor de suas presas o delírio do prazer incontido, fazer pedir "chega". Para isso, ao seu gosto, o charme, a beleza e o perfume natural da pele feminina faziam arder e se tornavam fatal. Essas coisas não se explicam, vivem-se. A sede é única, não se divide. Johnny viveu estes tempos assim...

Buscamos a manifestação sobre os prazeres da vida nas palavras do sábio filósofo Aristóteles, em um pequeno trecho na vasta e complexa literatura que desenvolveu sobre os prazeres no comportamento do homem. Os efeitos dos benefícios entre os que acreditam que *"o prazer é o bem"*, enquanto outros, ao contrário, *"que é o mal absoluto"* e *"o prazer ou a dor"*. *"Odiar aquelas (coisas) que devemos odiar têm a maior influência possível sobre o caráter virtuoso"* (pasme-se!). Entre esses sentimentos, define resumidamente que *"tende aos prazeres, torna-se escravo dele"*, porém não acha correto. Por isso conclui: *"Se um homem que deprecia o prazer é surpreendido a buscá-lo, isso sugere que o prazer é digno de ser preferido a todas as outras coisas, pois a maioria não consegue fazer distinções"*. Essas diferenças e insatisfações com relação aos prazeres, buscamos em defesa das condições serem favoráveis ao personagem Johnny, que busca os prazeres na noite, de acordo com as suas vontades, ainda jovem e solteiro, considerando ser objeto de sua livre escolha e de sua essência. Reforça ainda: *"mas como um fim que sobrevém como o viço da juventude atinge aqueles que se encontram na flor da idade"*.

Referência:

ARISTÓTELES. **Ética a Nicômaco**. 1ª edição. Jandira/SP: Editora Principis, 2021, 90, 103,186, 221,226, 229, 230, 237p.

Anos dourados

A fase dos sonhos dourados, a sensação da ingenuidade que ficou para trás, mas que irá acompanhar no subconsciente por toda a eternidade. As inconsequências que despertavam a satisfação com atrevimento ao encontro da cara-metade fazem lembrar. Neste tempo você não andava, parecia flutuar, mesmo com os riscos dos tropeços, junto às estrelas ia em frente, pensava em não cair. Acontece, ama, vive e sonha. Um mundo de sonho real, não acredita estar no mundo da lua, no fascínio, não percebe estar magnificamente contaminado pela flecha do cupido do amor. Porém, neste momento, com raras exceções, o mundo encantado sobrevive, como bem ilustra a obra literária de William Shakespeare, publicada em 1597, de gênero trágico, *Romeu e Julieta*, a história de dois adolescentes na cidade de Verona, na Itália, que, por objeção das famílias, acabou em tragédia. Romeu envenenou-se, por consequência desta atitude, Julieta suicida-se com o punhal de Romeu.

As divergências levam para as encruzilhadas antes imagináveis do amor, pode acabar por restar a dor, pode cicatrizar ou pode não acabar, a ferida aberta mantém a lembrança eterna de que aquele momento do passado teria sido a realização de todos os sonhos e em todos os tempos. Situações de exemplos práticos do passado se mantêm no futuro, mesmo com a liberdade, vive no cárcere da imaginação com as lembranças que nunca se apagaram. A vida segue, mesmo assim, o amor que pensa ter ficado para trás não traz frutos, mas a memória não deixa esquecer, faz sofrer um sonho inacabado. Por isso, a razão faz buscar no título - *O namoro é a cereja do bolo*, livro do mesmo autor - **As 3 fases da vida para o sucesso** contribuição para a análise e a boa consequência do amor dos anos dourados, com boa idade, vejamos:

"Me atrevo, mais uma vez, ir fundo no sentido de dividir e conscientizar neste título, o namoro é a cereja do bolo, com base na experiência da vida noturna, não obstante o sucesso profissional, o que me fez acertar e evitar frustrações pelo caminho. Considerando obviamente que a vida não é como uma simples receita de bolo, erramos muito e com os erros aprendemos. A intenção é a tentativa de diminuir os erros, fazer entender que o tempo é necessário para o amadurecimento. Concluída a formação, ter a plena convicção para a constituição familiar, com maior possibilidade de acerto do que antes. Assim, não terá motivos ou desculpas por não ter dado certo, terá a formação e mais idade a seu favor. Com o amadurecimento, terá menos chance de equívocos, consequentemente, menos arrependimentos. A solteirice até o momento adequado, o benefício da convivência familiar favorece, por estar na responsabilidade dos pais. Você! Seus estudos e nada mais. Mas o amor é voraz. Não admite aceitar e resistir ao fogo da paixão, sob a alegação de correr o risco de perder o momento e o amor da sua vida. Bobagem! Não esqueça: o namoro é a cereja do bolo. Deixe o tempo passar, namore, dedique-se para a formação, com os anos, você estará certificado, formado, pós-graduado e convicto da escolha feita com relação à pessoa amada. Se o amor perdurar, revelar-se verdadeiro e seguro ao longo destes anos, a decisão terá sido acertada. Sem riscos de arrependimentos, antes, a seu desfavor à pouca idade, depois, considere que terá maior consciência, segurança e estabilidade financeira. Aí sim! Muito simples, case-se.

Portanto, mais uma vez, não esqueça: o namoro é a cereja do bolo, momento de começo de vida. O casamento, misturado com a realização profissional, pode levar a uma inversão de brilho no relacionamento. Essa concorrência pode ser cruel e competitiva com o seu amor. É devagar que se vai longe, não se precipite. Observe ao seu redor, verá que o número de separação de casais é grande. Restará, além dos filhos, se houver, a separação judicial, neste caso, é o fim, o recomeço para outra história".

Enfim, um amor atemporal, a lembrança do que foi bom. No fundo de uma gaveta, um poema, a foto rasgada alimentam a saudade do passado que não volta. Se não souber separar e entender a necessidade de saber dividir as novas oportunidades, irá sofrer em vão. Por isso, lembre-se de que é assim: **Antes,** os olhos nos olhos, como se vissem um ao outro no silêncio, vive-se a paixão com a inocência, não se enxergam os riscos ocultos nas profundezas da alma... **Durante,** os olhos nos olhos, a sede do amor, com o suor do corpo nas profundezas do seu íntimo, assumem os riscos da felicidade dentro do casamento... **Depois,** distante dos olhos, não ver mais a felicidade sonhada durante o casamento e a pureza do antes, nos olhos de quem um dia escolheu.

Os sinais foram claros, já não os via, também não me vê, no mesmo espaço sem interação se desconhecem, restam as lágrimas da saudade do imaginário do antes quando solteiros, no começo que não deixaram perceber, perderam-se pela pressa ou ilusão.

A convivência a dois, como se soubesse brindar dia a dia a sua escolha. A vida como se fosse um brinde diário, se não souber cuidar, a certeza de que uma taça facilmente se quebra. Assim, buscar sempre brindar a relação, blindar nem pensar, a certeza de um novo começo. A liberdade pode deixar o outro ir, com isso, a dúvida de querer ficar ou não, os pássaros são livres, acasalam, cantam e constroem os seus ninhos.

Na insegurança dos delírios dos anos dourados, ***Robert***, com mais idade e boa experiência, revela ao amigo Johnny uma história inspirada em um fato.

A tristeza e frustração que se arrastou por toda uma vida, com os nomes fictícios, a senhora ***Mariquinha***, ainda moça, nos idos anos de 1950, moradora entre um dos casarões imperiais, em frente ao Rio Paraguai. Viria a conhecê-la numa manhã, na velha estação pantaneira, em Corumbá/MS, onde o desembarque era motivo de charme ao tratamento nobre, com vestuários clássicos, ternos e vestidos longos, aos que chegavam à cidade histórica e de importância nacional devido ao porto, o marinheiro ***Ray***. O rapaz de fora, bem apanhado e de português gramatical impecável, ao primeiro olhar, desenhou-se a atração fatal pelo belo militar, que viria por ora servir à Pátria na Marinha da cidade do interior. Com pouco tempo, o encontro seria fatal, aos domingos à tarde, os desfiles das belas moças era certo nos calçadões de paralelepípedos, na orla do Rio. Mariquinha, menina moça, suas linhas curvas como as do Rio, como se tocasse suavemente as margens da cidade, com o destino final, na imensidão de Mar del Plata, perder-se em alto mar, despercebida não passaria. O encontro foi inevitável.

Com o sonho de seguir carreira militar, mas consciente das atribuições que lhe seriam impostas, sua militância Brasil afora, na companhia de sua amada sonhou. Do namoro à promessa de casamento, a satisfação da família era contagiante e essa fazia gosto pela união, afinal, um belo rapaz promissor, vindo em busca de prosperidade de outros cantos do Brasil. Com pouco tempo, o aconchego do rapaz na família e apresentação para a sociedade. O senhorio, o pai de Mariquinha, conhecido e respeitado como grande exportador e produtor de gado pantaneiro, era motivo de orgulho na sociedade. Os preparativos da cerimônia de casamento eram o assunto da cidade. Por aqui, a tradição era de três dias de festa ao som da música do país vizinho, a polca paraguaia. Contudo, a perspectiva de Ray era de ser transferido, mediante promoção na carreira, se possível ao lado de sua amada. O dia sonhado chegou, o dia em que diriam "sim", com a cerimônia na catedral, em uma sexta-feira, às 17h, festa no clube da cidade à margem do rio, noite adentro; no sábado e domingo os convidados seriam recepcionados na casa grande da fazenda pantaneira, uma organização jamais vista na região. A igreja florida, a festa organizada por meses, os convidados chegavam em seus belos vestuários de gala. Aos costumes, a noiva em um *Cadillac* de última geração, que fora importado dos Estados Unidos, que chegou pelo porto, o pulmão da cidade. A noiva ansiosa aguardava apenas o sinal para a entrada triunfante, a satisfação, para alegria de todos os familiares e sociedade vinda de todos os lugares, no velho e amado trem. A surpresa que traria a decepção para toda uma vida, na igreja, o noivo – talvez arrependido – não apareceu. A notícia rapidamente se espalhou por toda a região. Nada se sabia, tudo se pensava sobre o que teria acontecido. Era de conhecimento da família a paixão do primo José por Mariquinha, que por falta de amor o rejeitou. As suspeitas recaíram sobre os seus ombros, que tudo negou. Teria José se vingado de Ray com a morte? Naquele tempo, no interior, uma atitude dessa não passaria em branco, se o noivo fosse um fugitivo. Se assim fosse encontrado pelo pai da noiva, a morte era certa. A incerteza do que de fato havia acontecido, a vergonha que sentia, os traumas não superados por todos os tempos. Em poucos dias após o casamento se dirigiu à capital, com os parentes que foram para o casamento que não aconteceu, uma tragédia. À cidade em que nasceu, nunca mais retornou. Marginalizada, Mariquinha envelheceu com os rumores do mal que sofrera no passado. Não superou os traumas e viveu, até os últimos dias de sua vida, amargurada e a condenar todos os homens da face da Terra, alegando que *"os homens não prestam"* ou a dúvida eterna do primo José ter assassinado Ray. O corpo nunca se viu naquelas terras, os perigos e as distâncias são corridos de barcos pelas longínquas e intermináveis águas do Pantanal.

Quanto ao marinheiro Ray, por longos anos nunca souberam do seu paradeiro. No entanto, numa tarde de primavera, sentada em uma cadeira de balanço, na varanda de sua bela pousada, na esperança em cada hóspede, durante a vida, pensava um dia seu amado e querido Ray entrar. Sentada onde normalmente se colocava a pensar na razão de tudo o que ocorreu, inconformada vivia seu sonho de felicidade que não aconteceu. Em outro dia, com idade avançada, recebeu uma carta postada de uma pequena cidade do interior do Estado do Amazonas, em meio à floresta por três dias de barco, de quem um dia partiu sem ao menos dizer adeus, o fugitivo Ray. A carta falava do arrependimento daquela atitude irresponsável, para com todos, inclusive sua própria família, que na ocasião viera de longa distância para a cerimônia do casamento. Disse que dias antes foi designado para lugar distante e incerto, nas profundezas da grande floresta, tal sofrimento não merecia. Porém, a partir do casamento, seguiriam juntos. Que Mariquinha soubesse do seu sofrimento pelo acontecido, sofreu todos os dias, como se fosse uma maldição no seu subconsciente que insistisse em não o abandonar com o que fez, com quem teria sido o verdadeiro amor de sua vida. Agora, sozinho, Oficial aposentado da Marinha, resta-lhe a solidão do tamanho das dimensões da grande floresta.

Quase que por último, em vez do adeus, um singelo pedido de perdão, sabendo que, pelo avançar da sua idade, estaria perto de sua morte. Viveram infelizes e padeceram para sempre.

Porém, no final da carta, um P.S.: naquela sexta-feira, o grande dia, o dia do casamento, após o almoço com os seus parentes, foi para o seu hotel se preparar para a cerimônia, aguardada ansiosamente por todos, em frente foi surpreendido por um homem desconhecido, estava em um carro preto, com vidros pretos, disse-lhe gentilmente que entrasse no carro para uma curta conversa; recusou-se a princípio, mas não teve alternativa, sacou de seu bolso fotos de sua família, inclusive de alguns que estavam na cidade para as festividades do casamento. Sem compreender o porquê, desorientado, entrou no veículo. O homem, também vestido de preto e com óculos escuros, dispôs-se a falar: *"você tem dez minutos para pegar a sua mala, seus pertences, para sairmos daqui; caso não concorde, em onze minutos um dos seus sobrinhos, residente na Alameda Central, número 232, que fica em frente à casa de seus pais, número 233, no Bairro Fazendinha, será executado, pois bem sabe não ser possível um de seus pais, por estarem aqui na cidade de Corumbá para o seu casamento que não vai acontecer. Não pense em avisar ninguém, se não chegarmos a Campo Grande, a 420 quilômetros, até o final desta tarde, o pior vai acontecer; eles, seus sobrinhos, estão de férias escolares, brincam no parque da praça todos os dias até o escurecer. Ah! Não se esqueça da sua carta de apresentação designando-o para a Base da Marinha no Estado do Amazonas. Vá, você tem 10 minutos".* Ray, inconformado, disse ao homem de preto, *"mate-me, seria melhor, haveria uma justificativa para a não realização do casamento"*, respondeu-lhe que não, haveriam de sofrer enquanto vivessem por estas bandas, almofadinha de cidade grande não poderia brincar com o coronel da região, o pantaneiro José, o primo da sua amada Mariquinha, sócio majoritário de muitas terras e de domínio do porto da cidade. Desesperado com tudo, fora de si, entrou no hotel, pegou tudo o que pôde. Ao passar pela recepção, foi questionado pelo simpático e acolhedor recepcionista para onde estava indo; não iria se trocar no hotel? Respondeu-lhe rapidamente, que sim, mas o faria na casa do amigo que lhe aguardava, que não se preocupasse. Entrou no veículo, partiram e para a capital. Relata ainda que seu primo José, homem rico e de poder, contratou um pistoleiro matador da mesma cidade onde residiam os seus pais e irmãos, sobrinhos e cunhadas, lembrou-se ainda dos seus queridos avós, Sofia e Vadislau, ainda vivos naquela ocasião, imagino eu. Disse que enquanto José vivesse, todos seriam aos poucos assassinados se ela se casasse com Ray, não teve alternativa, confessa como se fosse, literalmente, o ***último*** homem da Terra, perdido nas assombrosas matas e rios da Amazônia. Para comprovar a ameaça, levou fotos, endereço de todos da família, residentes em São Paulo, que na cidade grande não se sabe quem é quem, mas eles sabiam que era a sua família e onde todos moravam. *"Agora, há poucos dias, soube do falecimento do seu primo, 40 anos se passaram, por isso, em tempo ainda, antes da minha morte, eu lhe escrevi, Amada Minha".*

Nessa história incomum, veem-se, no entanto, os riscos de acontecimentos da união a dois, as diferenças, os desajustes que acabam por acontecer. Um exemplo ou tantos outros que trazem a frustração e constrangimento do Antes, Durante e do Depois do casamento. Devemos ter consciência de que nada é como imaginamos ser, naturalmente, sempre há a esperança e o sonho de uma vida repleta de realizações. Porém, os riscos são iminentes, as vontades mudam por falta da certeza do que se quer de fato. Por isso, a felicidade não deve estar nas costas um do outro, um complemento talvez, mas não único. Como dizem no provérbio popular, "o risco do negócio", no amor, às vezes, a reabilitação não acontece. Nessa história, a frustração do casamento, ainda no momento do Antes da realização do matrimônio, os sentimentos feridos devem ser conduzidos e cuidados de maneira à recuperação saudável, apesar da tragédia. A vida é resultado de fases e ciclos, com o pesar de todo o inconveniente que um dia no passado lhe restou como herança eterna.

"É melhor correr o risco de salvar um homem culpado do que condenar um inocente" (Voltaire - 1649/1778). Nestes dizeres de Voltaire, o perdão no coração de Mariquinha, se houve ou não, nunca saberemos. A tristeza nos seus olhos, sempre como se olhasse a esperança nas profundezas escuras dos oceanos ou dos rios em que seu amado navegava. Ele, o comandante Ray, sofreu e condenou-se à sua própria sorte, talvez pela inocência da sua pouca idade, sem alternativa, pôs tudo a perder, quando no passado tudo aconteceu, nos anos dourados de suas vidas.

Johnny, no início dos seus anos dourados, solteiro convicto, conhece ***Ritinha***, de idade juvenil, morena, de olhos negros, como se fosse uma exceção à preferência das mulheres louras. Não mais convicto de sua solteirice até aquele momento, o benefício da convivência familiar favorece, por estar na responsabilidade da mãe recém-viúva.

A família é da tradição do casamento cedo demais. Contrário aos seus princípios éticos e morais, arrisca-se e inicia um novo relacionamento, de namoro, é claro! O amor é voraz. Não admite não aceitar. Não resiste ao fogo da paixão, sob a alegação de correr o risco de perder o amor. A diferença de idade era considerável, 11 anos. Bobagem! Admite que o namoro é a cereja do bolo. Contrário à opinião dos familiares de costume tradicional ao casamento prematuro. O tempo passa, o namoro segue com o benefício da boa convivência familiar. Arrisca-se a perder a solteirice. Objeções ao relacionamento por parentes eram frequentes, ele era o Johnny, de conhecimento implacável da sociedade nas suas execuções de relacionamento. Por isso, acredite! Família típica, digna e tradicional, porém não letrada na quebra da tradição; *"namorou, vai ter que casar"*. Mas Johnny é maravilhosamente terrível, não se esquece de que o namoro é a cereja do bolo, mas também não se esquece dos efeitos da história contada pelo amigo **Robert**. O tempo passa, as alianças de pedras coloridas já não mais resistem à tolerância do tempo de namoro, nos presentes comemorativos para a sua bela morena, de olhos e cabelos negros. Não pela falta de novas pedras, mas pelo aconchego da maturidade e novas experiências, Ritinha, inconformada ou não, com o término do namoro, deixa o Brasil em busca de vida nova na Europa. Nesses tempos, Johnny sente a ausência; por outro lado, pensa ter contribuído com a diversidade de pensamento, que tudo vem a seu tempo, sem precipitação, com relação ao casamento cedo demais. Ela alçou novos horizontes e vive no *glamour* da sociedade francesa. Amigos para sempre...

Assim, ambos se confortam no acerto das escolhas feitas no passado, nos tempos dos anos dourados. Os desígnios ou o destino parecem sorrir individualmente ao redor de cada alma, por merecimento ou não. Não nos cabe esse entendimento, porém, a compreensão do filósofo Aristóteles: *"Toda arte e toda ciência, assim como cada ação e cada escolha, parecem ter como objetivo algum bem. Por isso foi dito, com muito acerto, que o bem é aquilo que todos procuram"*. Eis os mistérios que envolvem os caminhos de cada um de nós.

Referências:

ARISTÓTELES. **Ética a Nicômaco.** 1ª edição. Jandira/SP: Editora Principis, 2021, 09p.

PIECZYKOLAN, Eder. O namoro é a cereja do bolo. **In: As 3 fases da vida com sucesso.** 2ª edição. São Paulo: Letras do Pensamento, 2021, 129p.

Sigmund Freud (1856/1939) em síntese diz que **Consciente** é a parte da mente em que estamos cientes. Na sua teoria psicanalítica, divide-se em três níveis de consciência: consciente, pré-consciente e inconsciente. *"O **inconsciente** tem a capacidade de desencadear doenças, neuroses, distúrbios e outros problemas mentais". "Já o **subconsciente** está localizado abaixo da consciência e pode ser facilmente acessado se você se esforçar para isso".* Um exemplo é a memorização de números telefônicos, de placas de automóveis, nome de ruas e pessoas. Esta memoria está presente no subconsciente e você até pode esquecer a informação momentaneamente. Porém, se você pensar muito, poderá resgatar a mensagem. Enunciado por Wendell Carvalho.

Segundo **Carl Gustav Jung** (1875-1961), **Inconsciente, Inconsciente Pessoal**, é uma reserva de tudo o que já foi usado, foi consciente, porém, já foi esquecido ou reprimido. O **Inconsciente Coletivo** está na herança espiritual da evolução da humanidade, nascida e renovada na estrutura cerebral de cada indivíduo.

A deusa do amor

Não se iluda! Quem decide é a mulher. Imagine-se em uma caça, você à espreita de um alvo, a presa lhe dará a oportunidade do momento certo para ser abatida, conquistada, ter a presa em suas mãos, o homem. No cotidiano, inconscientemente ficamos vulneráveis, à espera do encontro da cara-metade. A manifestação dessa situação naturalmente acontece com o encanto recíproco. A ilusão da satisfação que aquela pessoa lhe despertou, como se introduzisse a mão em seu peito e roubasse o coração. Age com emoção, os hormônios à flor da pele, acredita realmente que é o momento inusitado que sempre sonhou e desejou.

Neste momento, dificilmente seria diferente, ela se demonstrou ligeiramente interessada e lhe deu a oportunidade de abertura para o primeiro contato, um olhar, um leve sorriso, como se falasse e deixa-se claro que era o momento certo para a sua aproximação, a manifestação do desejo de ser a caça. Como se jogasse uma isca, nesse momento ela deseja o seu atrevimento, a sua aproximação.

A conquista merecida, o espaço da mulher se superou com dificuldades em todos os sentidos ao longo dos tempos, mas em busca do amor, ela é pretensiosa, primeiro o seu charme, o sinal verde de que você é o escolhido. Aos nossos olhos, tudo que agrada queremos por perto e ao nosso lado. Sem exceção, a seu gosto, os feromônios se superam e despertam o fogo, senão da paixão, o fogo do sexo. E é desnecessária a compreensão da concepção nas palavras do trecho da obra de Jorge Amado, *Gabriela Cravo e Canela* – o personagem de João Fulgêncio, ao se reportar à esposa, disse: ***"Um anjo de bondade, um demônio de feiura"***.

A segunda e definitiva confirmação, ela vai querer conhecer o seu interior, a sua personalidade. Agora, para ambos os sexos, se você é de fato o que se espera um para o outro. Aqui entra a essência, o conteúdo que poderá preencher os espaços do seu coração e vir a ser a pessoa esperada e sumariamente desejada. A princípio, a manifestação de desejos entre ambos acontece o início da relação, estão encantados com o que os olhos veem, envolvidos com a agradável aparência e a boa sensação de terem recebido mutualmente a flechada do cupido, como se vissem um ao outro, um pavão a se exibir. Satisfeitos, frágeis, vulneráveis, ocorre a química da relação, um belo começo para as realizações do Antes, o namoro. A mulher é assim, magicamente pretensiosa, fareja sua cara-metade com as atribuições de suas qualidades ocultas dentro do coração, seduz e espera acontecer. ***"O coração tem razões que a própria razão desconhece"*** (Blaise Pascal).

Johnny caiu do cavalo, iludiu-se. Conhecedor de que quem decide é a mulher, em uma caça, escolheu e atirou no alvo errado, ficou vulnerável, no seu caminho fez uma escolha equivocada. A presa lhe deu a oportunidade do momento certo para ser abatida, para se deixar conquistar e ter o caçador em suas mãos. Na conquista, iludido pelo seu rosto corado, cabelos loiros e olhos verdejantes, aquela que parecia ser uma coelhinha sensível acabou por revelar-se uma víbora.

Ela estava à espreita do encontro da sua cara-metade, quando não mais era menina, sem segredos para guardar, pois havia se entregado a uma relação juvenil. Nessa história de caso de "amor", ao contrário do chavão de Jorge Amado, *"Um anjo de bondade, um demônio de feiura"* – mas, sim, um anjo de "bondade", um demônio de beleza. Porém, a beleza exterior se via a olho nu, a maldade do coração, não. E, quando não se percebe, o preço a se pagar pode ser alto. Johnny encontrará um anjo de beleza, porém um demônio de pessoa. Como se usasse uma máscara, não para esconder a sua bela face, mas o veneno contido em suas presas. Mesmo assim, iludido, sem saber o que o aguardava para o futuro, tomado pela ferocidade do desejo sexual instintivo, que transbordava na química venenosa da relação por parte de **Lucy**, um belo começo para as realizações do Antes, o namoro. Porém, deixou-se envolver pela insegurança e traumas psíquicos da bela loira, não de sua beleza natural, pois usava máscara para esconder suas obsessões, não apenas de caráter, mas da indolência da sua essência maléfica nas atitudes de ciúmes por insegurança.

Sabe-se que **Lucy**, por necessidade dos pais ao trabalho diário, iniciou a pré-escola aos três anos de idade. Com a ausência dos pais e privações de liberdade, talvez por isso, também tinha a insegurança no relacionamento afetivo. Esteve longe dos movimentos feministas de igualdade dos direitos da mulher, anos de 1960, até porque nasceu em 1971 e foi educada nos moldes da educação tradicional, porém com privações inerentes à sua idade. Sabe-se que houve repressão na sua educação na fase da adolescência. Seus pais a privaram dos encantos deste momento ao lado dos amigos. Nesta fase, a integração é irremediavelmente importante para a sociabilidade, o que ocorre com a segurança na infância ao lado dos pais, ensina a lidar com as frustrações no futuro. Talvez esteja aí a razão da sua insegurança e ciúme no relacionamento amoroso com Johnny.

Às vezes, uma exceção, mas acontece. No caso, os pais de **Lucy**, pessoas maduras e honestas. Entretanto, a dificuldade na educação e formação da filha afetou não apenas a sua vida profissional, mas a emocional. Nasceu em Pomerode, Santa Catarina, é de conhecimento que a cultura daquela imigração é rígida em relação aos costumes. O pai dizia "não" e a mãe dizia "sim", a resistência impera e a consequência se manifestou no futuro, na psique da filha. Um assunto complexo, profundo, mas que certamente assola a família e traz consequências psicológicas. Apesar de ser psicóloga, submeteu-se ao tratamento psicológico e a sessões terapêuticas por longos anos. No passado, a má condução dos pais ocasionou insegurança e traumas no presente, ciúmes no relacionamento com Johnny.

A insegurança contribuía para a prática de atitudes e cenas de ciúmes, compensadas pela disposição sexual. A mulher obsessiva é assim, magicamente pretensiosa, fareja sua cara-metade, conquista e tenta aprisionar. Com as suas atribuições e qualidades na prática sexual, mantinha Johnny em conflito com a vida solta que amava.

Johnny nasceu e viveu no Rio de Janeiro, naturalmente busca a satisfação do ego de acordo com a sua cultura, é extrovertido e cometido de liberdade extrema, o mar, o jeito carioca de ser, revela a sua cultura, não há como negar. A relação da incompreensão está ligada diretamente na diferença dos costumes e cultura de ambos. Por isso, talvez os ciúmes exagerados no interior da sua alma.

Johnny ama **Lucy**, mas ela não entende a ânsia da liberdade e faz sofrer, não compreende. A boa educação foi um privilégio de ambos, porém, cerceada de liberdade, a boa educação soma, a diferença cultural no relacionamento divide. Essa questão enfática justifica a polaridade química na relação sexual em caráter de libertinagem. Porém, a simples liberdade de Johnny para o trabalho, ela não entende, é essa diferença que aquece a relação sexual. A dificuldade para resignar-se está no conceito da desconfiança, ciúmes. A relação deixa de ser saudável. Não há poligamia, não há traição, é trabalho e diversão.

Johnny ama a noite. A intenção no futuro é a manutenção da família intacta, sob o olhar da realidade do mundo supostamente obsceno. O problema é cultural e psicológico.

Johnny ama **Lucy**, mas existe a dificuldade de aceitação da liberdade de Johnny por ciúmes; é a consequência da insatisfação no relacionamento no cotidiano, não sexualmente. Ele necessita do distanciamento, a liberdade como se inspirasse para a criação natural da sua arte e para o aconchego sexual. A aceitação desse distanciamento é necessária para o desenvolvimento do seu trabalho, sem isso, como se não houvesse sede, interfere na convivência. Para buscar água distante é preciso percorrer caminhos na noite, nos bares de todos os lugares. O endereço da fonte é conhecido, Johnny é impetuoso, resiliente, não desiste da sua natureza, a sua liberdade é a sua vida. Porém, para matar a sede, é necessária a compreensão da natureza individual de Lucy, o que não acontece.

Referência:

AMADO, Jorge. **Gabriela, Cravo e canela**. 45ª edição. São Paulo: Livraria Martins Editora S.A., 1972, 139p.

Enigma da escolha

A pretensão do casamento, a certeza de ter encontrado a sua cara-metade, o amor de sua vida. Nessa situação, imagine-se em uma máquina do tempo, uma viagem em seu subconsciente, com os poderes de fazer impulsionar as previsões e ver o que aconteceria no amanhã, com relação à certeza da sua escolha no presente, o casamento.

Na primeira parte dessa viagem, considerar o tema significativo mencionado anteriormente no título - Anos dourados. Há um trecho que diz assim: *"A fase dos sonhos dourados, a sensação da ingenuidade que irá nos acompanhar no subconsciente por toda a eternidade, as inconsequências que despertam a satisfação com atrevimento ao encontro da cara-metade. Neste tempo, você não anda, parece flutuar, mesmo com os riscos de tropeço, junto às estrelas vai em frente, pensa em não cair. Acontece, ama, vive e sonha. Um mundo encantado de sonho real, não acredita estar no mundo da lua, no fascínio, não percebe estar magnificamente contaminado pela flecha do cupido do amor"*. A magnitude da fantasia em forma de amor juvenil, que acha ser duradouro para todos os tempos, pode se confundir, inclusive, com o relâmpago passageiro da paixão.

Na segunda parte dessa viagem, deve considerar que ficaram definitivamente para trás os prazeres dos "Anos Dourados". Dentro do matrimônio, naturais também são as delícias de acordar ao lado de quem escolheu livremente e fez juras de amor eterno. Isso é possível e desejado por todos que assim escolhem a vida a dois. No entanto, a viagem, não a anos-luz da Terra, mas sim as previsões das suas pretensões nas realizações em poucos anos, devem ser consideradas e observadas. As peculiaridades das diferenças entre ambos, em longo ou curto prazo, certamente não serão unânimes, a manifestação dos defeitos é inevitável, inerente ao ser humano.

A princípio, os sonhos são sonhos e devem ser levados em consideração; até determinado momento, os defeitos não se veem e o tempo não volta. Ao contrário, os defeitos são levados por descaso, como se nada visse, às vezes pensa entender, simplesmente admite que todos temos defeitos, a princípio aceita. Se esse entendimento fosse fácil, não haveria uma única separação de casal entre os quatro cantos do mundo. Com o tempo, acaba por não suportar as diferenças que antes não viu ou simplesmente aceitou. Agora vai ao encontro da separação e o tempo não volta. Por exemplo, entre tantas diferenças inerentes a cada casal, veem-se alguns deles não como defeito, mas sim a falta de habilidade para as coisas do casamento, que talvez antes não se via ou observava. Com o casamento, a individualidade não será mais a mesma, as privações da liberdade de solteiro, os mistérios da noite, não mais as desventuras do amor ou do sexo. Se houver planejamento para filhos, a consciência e disposição natural para trocar as fraldas, noites perdidas de sono, amamentação, pirraças sem causa, bagunça incontrolável com objetos e brinquedos, levar e buscar na escola, ensinar a andar de bicicleta, atividades escolares e extracurriculares da infância até a universidade, tarefas à noite após um dia de trabalho cansativo, cuidados com a alimentação, com a saúde, ajudar na integração social, levar e buscar na casa dos amigos, levar ao shopping na puberdade. Dezenas são as atribuições e centenas são as mudanças da vida de solteiro e o tempo não volta.

No aspecto financeiro, as despesas antes imagináveis são uma nova realidade, não apenas pelo seu filho, mas pela subsistência da sua própria família. Antes estavam na casa dos pais e o tempo não volta. E, assim, uma nova vida de novidades com a cara-metade, que também desconhece seus verdadeiros valores e defeitos para esta nova jornada, a de casado. Por isso, nesta viagem para o futuro, imagine-se dentro de todas as possibilidades de divergências antes do casamento, como se projetasse todas as situações e visse as aceitações e objeções na convivência naturalmente. Não há segredos, identifique-os, viva a situação imaginária, como se casado fosse.

No retorno desta viagem para o futuro, ao retornar como se casado fosse, sem traumas, sem dificuldades, apenas um susto, foi como um sonho de reflexão. Nesta hipótese, vira-se de lado e volta-se a dormir serenamente.

Ao contrário, se de fato estiver casado, ao acordar assustado dentro da realidade indesejada por você, a frustração não o deixará dormir, não há recurso e o tempo não volta.

Para ilustrar a realidade da vida de casado, com os pés no chão e não sonhando, olhe para os lados, olhe para seus amigos, seus vizinhos, que simplesmente sonharam acordados e não realizaram esta viagem. Embarcaram sem se dar o direito de imaginar todas as consequências possíveis e imagináveis do equívoco do casamento e sem medir as consequências do "momento" adequado. Sempre haverá duas faces, deve saber qual é a sua.

Não atribuo o pessimismo ao casamento, atribuo sim aos cuidados para que não ocorra o arrependimento por equívoco do "momento", que gera e traz certamente consequência pessoal de ordem emocional e social. A desventura no casamento pode ser a razão e consequência de problemas graves que assolam crianças com a separação prematura dos pais, a toda sorte do destino, jogadas de um canto para o outro. A criança, verdadeiramente, não vê seus pais distantes, como se não fossem a cara-metade um do outro; para eles, você sempre será a cara-metade deles mesmos, dos filhos. Comum a aceitação teórica ou prática da separação, se é frustrante para os pais, imaginemos a incompreensão para os filhos. Assim, a reflexão para o ato da escolha e do momento certo, os verdadeiros pingos nos "is" devem ser considerados.

Viaje para o futuro, veja e observe se há dúvida no "momento". Se houver ou estiver em cima do muro, a certeza de estar entrando no inferno, a caminho do purgatório, em busca do paraíso que está em suas mãos ainda solteiro. Apenas cuide-se, considere tudo com a certeza de que a vida é uma viagem sem volta. O casamento mal planejado, as consequências e tropeços implicam em frustrações de todas as ordens. Devemos considerar que os tempos são outros, as estratégias do amor são as mesmas, a escolha é livre e do jeito que preferir. Sobretudo, se o amor for por obsessão ou fuga, cuide-se: o amor que pensa ser verdadeiro pode ter fim.

Assim, com os cuidados na escolha do "momento" certo, uma chance de evitar uma situação negativa entre os enigmas do casamento.

E, também, não confundir os sentimentos do ato de gostar[1], paixão[2] e o amor[3]. Agora não mais como no passado, em que os pais escolhiam pelos filhos a pessoa para o enlace matrimonial. Mesmo assim, muito acontece por frustração

1. **Gostar**: verbo transitivo direto/indireto. O ser humano tem o livre-arbítrio para gostar ou deixar de gostar do que quiser, os gostos são infinitos. Pode-se apreciar sabores, curtir, usufruir uma boa amizade, lazer, estilos, inclusive, naturalmente, um casal, além do amor, gosta-se.

2. **Amor**: substantivo masculino. Existe por afeição, a sensação do sentimento máximo entre o homem e a mulher ou por consanguinidade.

3. **Paixão:** substantivo feminino. Esta palavra é normalmente usada nos termos do Evangelho e do martírio de Cristo. Também um sentimento profundo, excessivo por pessoa apaixonada por algo ou por alguém.

de relacionamento anterior, casar-se com a pessoa sem o amor verdadeiro. Querer fazer entender quem está distante de você. Considere que a razão não ama, é como jogar pérolas aos porcos, esses são inocentes, não compreendem e não cabe a você querer justificar ou fazer outrem entender, não funciona, o coração reclama. Salve-se!

Para ilustrar o equívoco ou a sorte no enigma da má escolha, um pequeno trecho da obra *A Divina Comédia – Inferno – Canto I*, de Dante Alighieri:

> *No meio do caminho dessa vida*
> *me vi perdido numa selva escura,*
> *solitário, sem sol e sem saída.*
> *Ah, como armar no ar uma figura*
> *desta selva selvagem, dura, forte,*
> *que, só de eu pensar, me desfigura?*
> *É quase tão amargo como a morte;*
> *mas para expor o bem que encontrei,*
> *outros dados darei da minha sorte.*
> *Não me recordo ao certo como entrei,*
> *tomado de uma sonolência estranha,*
> *quando a vera vereda abandonei.*

Johnny, sem pretensão de se casar com Lucy, mantém-se ao seu lado pela sedução do sexo obsessivo. Nesta situação, imagina-se em uma máquina do tempo, uma viagem em seu subconsciente, com previsões com relação às incertezas da sua escolha.

A consequência da escolha

Para introdução deste título, a citação de uma pequena parte do capítulo "O espaço e o tempo" - **As 3 fases da vida com sucesso:** *"Já parou para pensar no tempo com relação ao espaço? O que teria a ver o objetivo deste livro, com 'a teoria revolucionária da relatividade geral', desenvolvida por Albert Einstein, na ciência? Nada. Mesmo porque foge de longe às características deste livro. No entanto, tem a ver a fácil compreensão, no sentido filosófico e nos termos do vocabulário da língua portuguesa. O tempo é infinito em relação ao espaço e nós, seres humanos, somos finitos. Buscar o lado filosófico da difícil compreensão da relação do espaço e do tempo não é fácil. Uma fusão, no sentido de demonstrar que a nossa vida é passageira e as consequências do custo-benefício do que se pretende, neste pequeno espaço de tempo, há que se considerar. Com isso, evitar frustrações e a perda do tempo precioso nas fases de nossa vida. Afinal, nascemos sem saber de onde viemos e para onde vamos".*

Há tempo para tudo: nascer, crescer, a formação, o trabalho, constituição da família, por consequências os benefícios ou frustrações no futuro, que se bem planejado em todos os aspectos, será colher bons frutos, bônus. Para isso é crucial a "sorte", a escolha ou o benefício do simples encontro de sua cara-metade, considerando as incertezas do casamento na relação de espaço e tempo que se vive.

Joseph Addison diz que *"A leitura é para o intelecto o que o exercício é para o corpo"*. O homem não guarda na memória tudo que lê, não retém todo alimento que come, porém, ambas as situações identificam a escolha.

Referência:

ADDISON, Joseph. The Tatler, 18 mar. 1709.

Nesta citação, as escolhas são objetivas, lida-se com o caminho e com o que se deseja de fato para a sua estrutura de saúde e cultura. Nas incertezas da livre escolha da sua cara-metade, ela é subjetiva e é de caráter comportamental, envolve a emoção, realizações conjuntas, pessoais e são distintas. A relação é complexa, o acerto deve ser harmônico entre os sentimentos de duas vidas, parece ser simples, mas não é fácil. Os reflexos são demasiadamente de magnitude monstruosa, ocorre o envolvimento da relação individual com expectativa familiar e implica a adversidade cultural. Por isso, passo a passo, pouco a pouco, o acasalamento não mais como no passado, em tempos remotos a escolha era induzida, não se encontrava, e a virgindade se preservava, hoje não mais. Nesse novo tempo, com ou sem cautela, o conhecimento e a escolha são livres. O momento é sensível, o momento é decisivo, a filha, o filho chega simplesmente e apresenta a sua namorada, o seu namorado. Essa situação no bom conceito tradicional, ao contrário, quando se chega de surpresa ao conhecimento dos pais com gravidez indesejada. O que contribui necessariamente por conta da evolução desses novos tempos, a união liberal sem grandes formalidades, nascendo a sociedade de fato, o início informal da vida a dois, à revelia dos pais. Em qualquer das situações, a incerteza da boa escolha ou a certeza de encontro casual, a má escolha ou encontro desarticulado, vai implicar a responsabilidade do anseio da felicidade e responsabilidade civil perante o acontecimento. Nasce uma nova família, estruturada ou não.

Os questionamentos no subconsciente dos pais são inevitáveis, de ser ou não a pessoa certa, um para o outro, para o seu filho, para a sua filha. Com experiência, o pai sabe das responsabilidades do casamento, o zelo, carinho que deve ser dispensado para a educação e a criação. Agora, ao filho, à filha, aos recém-casados, resta a vibração pela prosperidade da nova família.

Por isso, mesmo com todas as boas expectativas sonhadas no passado, podem se frustrar com a realidade do presente; se ocorrer a separação, será o início da reconstrução de uma nova vida. A circunstância para que isso ocorra nem sempre é necessariamente pelo equívoco da livre e boa escolha ou da má escolha. O desajuste natural do relacionamento pode contribuir negativamente, provocando o desfecho antes não imaginado.

Somos vulneráveis, o ser humano é uma combinação de forma integral nos aspectos: Físico, Mental e Emocional. Estes aspectos são interligados e interdependentes, como se fôssemos parte de uma sinfonia alinhada. Mudamos, dia a dia, as interferências dos acontecimentos que antes não tínhamos, uma nova vida se iniciou com novos acontecimentos e situações diferentes. Aí, a razão da causa, a relação do tempo no espaço, outrora, não somos mais as mesmas pessoas, somos vulneráveis em consequência daqueles aspectos. Os motivos para que isso ocorra são incalculáveis, a tolerância e as condições de antes já não prevalecem depois. Desde uma toalha, um objeto sequer fora de lugar, as vontades, os desejos de felicidade e sexo são os prelúdios do descontentamento. Os gostos já não são como antes, não coadunam como uma única e exclusiva vontade.

Assim, o acerto do casamento, como se fosse ganhar na loteria, é difícil. No entanto, é possível. São fatos, no passado, relacionamentos que deram certo por todos os tempos. São fatos, no presente, relacionamentos seguros e bem-sucedidos. Por isso, a expectativa do maior acontecimento da vida, a união. No relacionamento amistoso, confiante, juntos na realização dos sonhos em comum, respeitando as individualidades, a certeza do fortalecimento da vida a dois.

Não mais como no passado, onde o objetivo exclusivo da mulher era o casamento. Com as adversidades da liberdade dos novos tempos, o amor, o desejo de felicidade, a luz que traz o brilho nos olhos, no encontro casual ou não, fazer o possível para a realização com harmonia. A pretensão da exatidão com o acontecimento incerto da relação há que se considerar: o casamento é como se fosse uma planta, deve-se regar diariamente, cada um no seu lugar, o sol todos devem tomar com liberdade, fará reluzir na pele e a felicidade no coração. Os benefícios do sol estão para o corpo assim como o amor está para a liberdade da alma. Por isso, talvez o melhor de tudo não seja escolher, mas sim encontrar.

Mesmo com apego, o costume de Johnny ao lado Lucy faz refletir a relação do tempo, as consequências e malefícios para o futuro, por mais que houvesse planejamento em todos os aspectos para a boa manutenção de relacionamento a dois e constituir uma família, havia dúvidas. Não sabe se escolheu ou a encontrou. A incerteza de que dificilmente conseguiria colher bons frutos, tendo plena consciência do desequilíbrio emocional e ciúmes de Lucy. Tinha a vontade do casamento, tinham idade compatível, sete anos de namoro, condições financeiras, havia segurança em quase todos os aspectos, menos no emocional, o conhecimento e a consciência do ciúme excessivo. Pensa que, com o tempo e os filhos que viriam, ela iria superar e entender a sua maior virtude, a independência para exercer o seu trabalho e estar com amigos nos bares noturnos! Porque fora criado assim, cresceu assim, a liberdade sempre o impulsionou com atrevimento, pintava livre à beira-mar, as suas clientes normalmente estavam trajadas a seu gosto, seminuas, no deleite das areias quentes ou nas calçadas de Copacabana, essa sempre foi uma escolha, as mulheres.

Contudo, Johnny permanece na dúvida se a escolheu ou a encontrou. Lembra e busca a compreensão de Aristóteles para o dilema da manutenção do seu relacionamento. Admite que, para a escolha das coisas a vontade é voluntaria, mas com relação a sentimento pensa que é diferente. As escolhas por coisas se dão por impulsos momentâneos, porém no casamento entende que deve haver renúncia e que não há perfeição: *"O desejo se relaciona mais com o fim, e a escolha com os meios. Por exemplo, desejamos ser saudáveis e escolhemos os atos que nos levam a uma vida sadia; desejamos ser felizes, declaramos isso, mas não podemos dizer que escolhemos a felicidade, pois, em geral, a escolha pa-*

rece relacionar-se com as coisas que estão em nosso poder".

Referência:

PIECZYKOLAN, Eder. **As 3 fases da vida com sucesso.** 2ª edição. São Paulo: Letras do Pensamento, 2021, 27p.

Ciúmes

É o sentimento de insegurança, que gera medo de perder o que pensa ser seu, ou do que não se tem. O sentimento de ciúme está vinculado erroneamente em todas as relações: no namoro, no casamento, na amizade, entre irmãos, no trabalho e na fé. Devemos admitir que esse sentimento não é natural, no entanto, é a confirmação da verdadeira característica individual de insegurança real ou no imaginário das relações do cotidiano do ser humano. Se não patológico, que requer tratamento psicológico, podemos atribuir suaves considerações com relação ao ciúme, vejamos: no **namoro**, pode dar a sensação de fortalecimento na relação, apimenta. No **casamento**, pode ser a razão de separação, misturado com outros ingredientes de insatisfação. Na **amizade**, é a prova de insegurança por não ser verdadeira, como se quisesse estar no seu lugar. A verdadeira amizade dispensa esse sentimento, é livre, nada interfere, nem a distância e muito menos o tempo. **Irmãos**, a dolorosa insatisfação da má escolha faz as diferenças dos objetivos traçados em todos os campos e não conquistados, a carência afetiva oculta se manifesta pelo sentimento de ciúmes ou inveja? Finalmente, no **trabalho**, a concorrência deve ser natural. No entanto, injustificável o ciúme. A diferença não deve gerar frustração, deve prevalecer naturalmente a capacidade individual na concorrência. Atribuímos este sentimento de ciúme no trabalho ao sucesso do outro, não ao que está longe, que não se conhece, mas ao amigo próximo, ciúmes ou inveja?

Na **fé**, um exemplo de ciúme subjetivo levado em conta nos mistérios do tempo, nas escrituras da Bíblia Sagrada, é o ciúme de Pedro, de Maria Madalena pela aproximação e carisma com Jesus.

Imaginemos o ciúme no conteúdo deste livro - *O desejo de felicidade e sexo.* É manifesto o ciúme na relação amorosa de namorados e casados, a felicidade vigiada não deve prevalecer, considerando a entrega de um para o outro. No namoro é relativo e no casamento não tem procedimento. Normalmente ocorre por carência afetiva, insegurança, decorrentes de traumas por insuficiência. Acontece normalmente com a parte fragilizada do relacionamento, um é forte emocionalmente e o outro é fraco. O forte supera, é descontraído, tem autoconfiança, intuitivo, espírito altivo, sério, brincalhão, é resiliente. No fraco é que se manifesta como sentimento de ciúme, ao contrário das atribuições do resiliente, é possessivo, crítico, normalmente por consequências de traumas de pequenas ou grandes proporções, talvez na infância ou de circunstâncias e acontecimentos de sensação de inferioridade, traumas que requerem cuidados terapêuticos. No relacionamento ou atividade de qualquer ordem, esse sentimento não deixa prosperar, é a falência da perspectiva do que poderia ser bom e construtivo.

Uma cena de ciúmes, Lucy é insegura e possessiva. Johnny, seguro, altivo e boêmio. No final de noite, ao deixá-la em casa, era sempre certo encontrar amigos nos bares da cidade. Johnny ama Lucy, mas não abre mão da sua liberdade, a razão da desordem. Insatisfeita com o comportamento do namorado, uma noite, após ser deixada em casa por ele, resolveu procurá-lo nos bares da cidade madrugada afora. Foi o prelúdio de uma situação de constrangimento. Ela o encontrou, sentado em uma mesa de bar, feliz e sorridente, conversando com amiga **Mary**. Descontrolada por ciúmes, Lucy fez a previsão de um dilúvio pelo que aparentemente estava vendo, o seu namorado conversando com uma mulher, que por acaso do mau destino, não a conhecia. Fez escândalo, agrediu verbalmente a ambos. Por ciúmes, descontrolada, não deu ao menos a oportunidade de saber que Mary era esposa do amigo Robert, que havia se retirado brevemente para ir ao toalete. Johnny, compreensivo, admitiu as desculpas, sob as condições de que procuraria ajuda psiquiátrica. Conclusão: além do vexame por ciúmes, Lucy se submeteu a tratamento e avaliação terapêutica especializada.

Você casa com a família

O conhecimento antecipado do verdadeiro caráter, não só da sua cara-metade, mas também de toda a família do outro, da outra. Um olhar de canto de olho pode visualizar situações indesejadas para o seu relacionamento no futuro. A cultura, a tradição, os hábitos, a culinária, a hereditariedade, tudo é essencial para o acerto da sua relação. Por isso, naturalmente deve haver o tempo de adaptação, o namoro, não somos perfeitos, mas o excesso não se suporta. Ver nas atitudes de seu pretendente, da sua pretendente, por exemplo, a agressividade para com os pais, as atitudes serão as mesmas para com você em tempo mais próximo do que possa imaginar. É a certeza do prenúncio e a luz da imperfeição para a união, os pais da esposa, do marido, são eternos, o casamento pode não ser. Aqui podemos nos privilegiar do velho e certeiro ditado popular, de que ***"a fruta não cai longe do pé"***.

Aqui, buscamos um pequeno trecho do capítulo – Casamento atual – que contribui igualmente com este título.

"No passado, casava-se literalmente com a família, havia maior comprometimento e respeito pelas tradições, os pais, os avôs se conheciam, com a imigração para outras terras, as famílias se dispersaram, por consequência se desconheciam, uma salada cultural."

Com isso, acreditar que, caso haja indiferença ou insatisfação com relação à família do seu pretendente, será possível com o tempo harmonizar essa situação, ledo engano. Muito se vê famílias divididas por situações diversas, barreiras intransponíveis para a boa relação. As disposições que tanto argumentamos com relação à escolha, aqui se tem uma boa razão para praticá-la. Se desconfia ou existe alguma rusga antes do enlace matrimonial, imagine-se depois de casados; sendo assim, melhor cortar o mal pela raiz.

A nossa compreensão do que ocorre normalmente às vezes é levada em consideração, os namoros terminam por vários motivos ou ficam gravados na memória. Porém, arriscar-se diante de uma tragédia iminente, acreditando em uma reformulação harmônica familiar, pode acontecer, o amor é lindo, porém o contrário também.

Johnny está seguro e consciente da verdadeira personalidade e da razão da insegurança de Lucy. Pelos acontecidos, pensa ter motivos suficientes para a sua insegurança, como se percebesse, por vibração dos seus pensamentos, um caminho nada promissor ao lado da sexualmente sedutora namorada. Entretanto, mantém-se ao seu lado, situação que traz esperança para a sua complicada pretendente, à contração de núpcias matrimoniais. Ainda observa com cautela a relação e convivência de Lucy com a família, o que provavelmente seria a causa de seus traumas psicológicos. Acontecem continuamente situações de diferença de tratamento entre ela e sua irmã mais velha de beleza notadamente inferior, é feia. Porém, talvez por isso, a atenção é diferenciada em benefício da irmã. Não sabe, não compreende a diferença de tratamento, falta-lhe a compreensão de que no mínimo todos são bonitos e iguais aos olhos de Deus, um conforto.

Por isso, a compreensão do tempo para a adaptação, o namoro, mas também a convivência com a família. Observa na constância do relacionamento as diferenças para com os seus pais. Sabe que se casarem, as atitudes de agressividade serão as mesmas (no relacionamento, observe o comportamento da sua pretendente com os pais, o risco é de ser o mesmo com você).

Mesmo assim, encantado ou iludido, Johnny, com a sua boa vontade, em tom de brincadeira, conta para Lucy uma história de amor que conhece, a do seu amigo **Ralf.** Próximo dos 40 anos, solteiro convicto, pois alegava ter deixado ou perdido seu amor eterno lá atrás, nos tempos do colégio, um relacionamento que ficou marcado, por isso não se casou. Mas o destino esconde os seus mistérios; agora, nestes tempos, graças às redes sociais, encontrou **Pâmela,** residindo no mesmo estado, há mil quilômetros de distância da sua moradia, em uma cidadezinha do interior. Felizes pelo reencontro, disse-lhe que havia casado muito cedo, estava separada, tinha um casal de filhos: **Gui**, com dez anos, **Laila**, com cinco anos, e sua mãe **Zuzu**. **Ralf** não se aguentava de felicidade, encontrara o seu amor de infância, da escola, que nunca esqueceu. As conversas se tornaram frequentes e o primeiro encontro logo aconteceu. A festa estava armada, o resgate da felicidade e a confusão anunciada. A união estava selada, a dificuldade seria a distância. Em pouco tempo, tudo se resolveu, Pâmela mudou-se para a capital com sua família. **Ralf**, radiante, alugou um apartamento com três quartos, tinha uma família completa, uma esposa, filhos e de carona a sogra. Ah! O cachorrinho Bob viria a fazer parte da nova família.

Rapidamente **Ralf** se adaptou à nova vida de casado, o cuidado para com seus enteados era essencial e prazeroso, a escola nos dias de semana e nos finais de semana visitavam os belos parques da cidade. Enfim, Ralf estava feliz ao lado de sua amada, cumpria todos os deveres de um bom padrasto e, como genro, adorava a disposta e sorridente sogra Zuzu. A felicidade era completa, até que uma surpresa aconteceu. Pouco menos de um ano de muita alegria, a nova família viria a se surpreender com o inesperado. Na linda história de amor, esqueceram o irmão de Pâmela, o cunhado! Retornaria do Norte para casa, no Sul. Sabe-se que não havia mais a casa da mamãe, agora a casa do cunhado **Ralf.** O cunhado separou-se judicialmente da esposa, perdeu seu emprego como engenheiro de terras e retornaria não mais para o interior, na casa da mamãe, mas para o apartamento do cunhado na capital. A casa caiu! Por meses, a incompreensão dos acontecimentos incomodaram ferozmente a vida de Ralf. O amor move montanhas, admitiu naturalmente o aconchego dos enteados, da sogra, no entendimento de Ralf essa união traz alegria para todos, um herói. Mas o cunhado residindo sobre o mesmo teto, inadmissível. O amor heroico de Ralf por sua amada Pâmela viria a resistir e amparar por meses o cunhado desempregado em seu apartamento. Por isso, Johnny, sorridente e em tom de brincadeira, fecha a história de seu amigo **Ralf** e diz para a sua amada Lucy: *"você é insegura e se manifesta com cenas de ciúmes sem motivo ou razão, a nossa vida está em nossas mãos e, para variar, você tem irmã".*

O entendimento no envolvimento familiar é de que devemos compreender que quem casa, quer casa. No entanto, a compreensão nos caminhos da vida, talvez a necessidade do aconchego de um ente querido pode acontecer, a situação é circunstancial e cultural. O amanhã não nos pertence, são os desígnios incertos do futuro que contribuem para a história de cada um de nós, da minha ou da sua vida. Por isso, não nos cabe julgar.

Encontro casual ou destino

Imagine a tortura do encontro casual não vivido, o risco da escolha desperdiçado, sem chance de saber, seria o pecado do destino do amor? Da mesma forma, imagine fazer uma viagem para o futuro e vê-la do alto, o que viria a acontecer no amanhã. Mas não é sonho, é uma realidade que se passa por ocasião repentina, em uma viagem a qualquer lugar: em um dia nevado, no shopping de Amsterdã, ou a caminho das trilhas de prática esportiva, *Tracking*, na cidade de El Chaltén entre as montanhas dos Andes, na imponência da magnitude dos glaciares da Patagônia. Naquele momento, casualmente, a certeza de ter encontrado a sua cara-metade, a sua alma gêmea que tudo parece saber. Um breve momento, em minutos, o sonho dos anos dourados da juventude, aquilo que sempre esperou, não como escolha, mas o encontro pelo destino, ao seu lado para todos os tempos, nada precisava falar, apenas viver e para casa levar. Vai longe, a distância, a cultura, a língua, tudo diferente, mas no olhar o amor se revela gigante, não entende, não quer deixar partir, sem alternativa, a incompreensão da não realização, padece, em poucos minutos fez sofrer. E fica novamente, talvez, entre os mistérios do amor, para o amanhã. Não sabe o porquê, talvez nas sombras escuras dos céus, perdidos no universo entre as estrelas, em outros tempos, por força da energia, os desencontros do além. Um breve reencontro do que um dia viveu, Deus permitiu reencontrar. Aqui, não situações expostas de mera ficção, fatos, relatos vividos, que trazem a incompreensão da escolha casual, sustentados apenas pelos desígnios naturalmente ofertados ao preenchimento dos caminhos da vida que não sabemos quantos são: nesta vida ou em outra vida. Sabe-se que nascemos, vivemos e morremos. Somos corpo e alma. A mente, a emoção, o que resta e fica é a ideia de tudo, na expectativa de um novo reencontro das almas perdidas. Não o que move o mundo da ficção além da luz do sol, o espaço existente interestelar, não me cabe o conhecimento desse mistério, não me cabe julgar. Porém, fortaleço-me nos mistérios da fé em acreditar; fora isso, a vida seria um vazio. Fatos são fatos, escreve-se o que se vive. Outros diriam ser uma viagem da imaginação, ilusão, a força do desejo do desconhecido. Não acredito! Afinal, fatos são fatos e escrevo o que vivi. Não há imaginação ou ilusão do que não se vive. Prevalece no subconsciente um novo encontro ou na eternidade o reencontro das almas perdidas. Ficou para trás e não viu mais o que pensa poder ter vivido, e não viveu. Por onde andará, o que faz, como vive no caminho das trilhas sinuosas da Terra em vida? E, depois, esperar um novo reencontro da alma sofrida, vagando em busca de você, em busca da sua cara-metade. Talvez tenhamos, não no cotidiano da vida real, mas perdidos pelo mundo do além do subconsciente, a esperança na imaginação, pedaços de nós mesmos, por todos os lugares, sonhando um dia com um novo reencontro para ficarmos eternamente juntos.

Johnny, exausto da convivência insegura ao lado de Lucy, viaja sozinho em busca de inspiração, como se fosse ao encontro da sua nova e verdadeira cara-metade. Nas trilhas geladas de El Chaltén, teria Johnny visualizado além da sua imaginação um momento de encontro misterioso e ocasional com uma **inglesinha**, vinte e poucos anos de idade, na companhia de sua mãe, encontro ocasional, surpreendentemente não querendo deixar partir, alegando ter encontrado sua cara-metade, Johnny. O momento do encontro ou do reencontro de suas almas aconteceu, não em outros céus, mas ali, aos pés do majestoso e imponente Fritz Roy. Uma outra ocasião, em um shopping em Amsterdã, em dia também nevado, um divisor de escolhas, não pela naturalidade do dia a dia, mas também pela escolha do destino, a surpresa de um encontro casual com a beleza da polonesa, de corpo esguio e retilíneo, as características das suas origens a toda prova, olhos azuis, cabelos longos com jeito descompromissado, olhos nos olhos, pelas mãos seguras, não quis deixar partir... Os mistérios perdidos na relação de espaço e tempo, talvez por séculos, teriam sorrido para eles no momento da viagem, o reencontro das suas almas?

Por que não vou me casar

A realidade dos países desenvolvidos da Europa é de conhecimento notório, pelo menos na Itália e na França, de que a população encontra-se envelhecida devido à extrema consciência das dificuldades de manutenção da qualidade de vida, por consequência, a educação dos filhos. Em outros países, inclusive, há o incentivo à maternidade, também pelas mesmas razões. A prova de tudo, ao contrário, os países subdesenvolvidos, a educação é desprotegida e, por consequência, o grande número de filhos desassistidos, o que gera problema de desordem social. A razão da justificativa, nos trechos dos títulos abaixo relacionados, do livro **As 3 *fases da vida com sucesso***, trazem suportes para o pensamento dessa dificuldade e que contraria vontade de se casar:

"**Filhos - Considerações e Consequências**: ter filhos traz alegria, um amor supremo e incondicional. No entanto, não podemos nos esquecer das consequências do amor pretensioso, que, neste sentido, é egoísmo. Afinal, a falta de consciência plena vai sofrer e fazer sofrer, uma nova vida terá, certamente, suas próprias vontades e desejos. Se for para tê-los e se houver a dificuldade no sustento, saiba que há um longo caminho a percorrer até a sua formação de maneira adequada. Não é justo correr riscos, simplesmente ter filho e deixar a desejar todas as vontades inerentes à sua existência. Isso tem consequências de diversas ordens sociais, financeiras e psicológicas. O que ocorre demasiadamente, em detrimento dos filhos, é a incerteza dos relacionamentos que não deram certo. O que muito se vê, em separações judiciais, são discussões com relação não só à guarda do filho, mas brigas horrendas em fundamentos básicos como a guarda, a subsistência do filho, a pensão alimentícia e outras obrigações essenciais. Isso, sem dúvida, não é bom, se isso ocorre durante a infância ou a adolescência, com certeza terá consequências psicológicas e traumas. Por isso, as separações devem ser bem conduzidas pelos pais, com o máximo de zelo, para que os filhos não se sintam abandonados e tenham dificuldades no futuro, inclusive de relacionamento afetivo. Com tudo isso, considerar-se apto à paternidade, seguro e convicto do dom que lhe assiste, com planejamento, responsabilidade e aceitação de todas as consequências. Se não for o caso e não puder ter filhos, cada um de nós tem suas atribuições designadas dentro do universo, por isso não há com que se incomodar. Na concepção natural ou artificial que se pretende um filho, esteja consciente de todas as atribulações e renúncias, que demonstrarão a verdadeira capacitação, por meio da pergunta e consequente resposta para a paternidade ou maternidade. Você tem o dom e está capacitado? Mediante o questionamento, se a resposta for positiva, você deve estar apto para noites de sono perdidas, amamentação, trocas de fraldas, pirraça sem causa, bagunça incontrolável com objetos e brinquedos a todo momento fora do lugar, e ter que admitir, por se tratar de matéria pedagógica, que é inerente à idade, chantagem com relação ao que se pretende, criança não desiste; levar e buscar na escola, ensinar a andar de bicicleta, atividades escolares e extracurriculares da infância até a universidade, tarefas escolares à noite, após um dia de trabalho cansativo, cuidados com a alimentação, preocupação com a saúde, ajudar a estabelecer a parte social, levar e buscar na casa do amiguinho, levar ao shopping, receber os amigos em casa e, assim, as obrigações inerentes às próximas fases. Ah! Não se esqueça do seu trabalho, que ocasionalmente gera obrigações, e, ainda, ter consciência de que você, pai, e você, mãe, perderão todos os direitos de ir e vir a sós, restando, além das obrigações, custos de todas as ordens. Afinal, decidiu e optou pela maternidade ou pela paternidade, não há recurso.

No entanto, ter filhos é pensamento máximo de alegria plena e de complemento de um ciclo de realização divina. Desde a concepção, a ternura se manifesta como um sonho de eterna satisfação e superações positivas em todas as fases que estão por vir. Com o nascimento, o sonho se fortalece e a pretensão de ser o autor da maior obra-prima de sua história: o seu bebê."

"A incompreensão da desobediência aos pais" O pensador Aristóteles, de inteligência ilimitada, considera nas suas escritas os filhos como eternos devedores aos seus pais: '*(...) a amizade pede a um homem que faça o que pode e não o que é proporcional aos méritos do caso, visto que isso nem sempre é possível (por exemplo, no caso das honras prestadas aos deuses ou aos pais), pois ninguém jamais lhes poderia pagar o equivalente do que recebe, mais o homem que os serve tanto quanto está ao seu alcance é considerado um homem bom. É por isso que não parece lícito um homem deserdar seu pai (embora o pai possa deserdar seu filho); como devedor que é, deve pagar, mas nada do que um filho possa fazer será equivalente ao que recebeu, de tal forma que ele continua sempre em débito. Mas do mesmo modo que credores podem perdoar uma dívida, também um pai pode fazê-lo. Ademais, pensa-se que ninguém repudiaria um filho, a não ser que este fosse profundamente; com efeito, deixando de lado a amizade natural entre pai e filho, é próprio da natureza humana não negar ajuda a um filho. Mas se este de fato é perverso, evitará ajudar o pai ou não fará muito empenho nisso, pois* *a maioria das pessoas deseja receber benefícios, porém, evita fazê-los por considerar que isso não lhe traz proveito'"*.

"A consequência da má formação do filho": a felicidade, a segurança financeira do filho, é a realização do sonho dos pais. Lembre-se! Seus pais foram jovens como você, pesquise, informe-se. Verá que existe um passado sublime, os sonhos não envelhecem, ficam armazenados em um arquivo secreto no subconsciente. Todos os sonhos do passado foram congelados devido às dificuldades do trabalho, à paternidade, à maternidade, ao seu nascimento. Agora, a expectativa, com as rugas aparentes e a vida por desfrutar. Vale a pena acreditar na determinação e na experiência deste homem, a pérola do século XX, que surgiu talvez pela contribuição do sofrimento dos seus antepassados, que passaram por guerras e dificuldades de imigração. Vieram em busca de novos horizontes e chegaram a você! Chegaram ao polimento ímpar, marcado e reconhecido no mundo, em especial na nossa terra chamada Brasil. Com isso, você, filho, fique atento... Às custas do seu talento, do seu dom, superar as dificuldades e chegar à liberdade financeira com planejamento. Lembre-se! Nas suas mãos não está apenas a direção do seu caminho, está também o caminho da realização dos sonhos dos seus pais. Você erra, eles sofrem. A certeza de que fizeram todo o possível para a sua boa formação. No entanto, na estrada de qualquer um, as pedras interferem mesmo contra a vontade; prepare-se para a condução da sua vida, alheio às condições financeiras de quem quer que seja, muletas foram feitas para os extremamente necessitados.

A vida é feita de escolhas, nem sempre fazemos a melhor. Compreenda, prepare-se para carregar o peso da sua escolha; no acerto ou no erro, gera-se responsabilidade. Lembre-se! Você erra, os seus pais sofrem e a vítima é você. Pense que, no futuro, você estará na condição de seus pais, não mais de filho. O equívoco do passado traz consequência no futuro. Consequentemente, culpar outrem por seus erros não é justo. Seus pais também podem cometer equívocos, como você. Assim, desumano é pedir socorro a quem fez o que pôde por você. Afinal, para os seus pais resta a perspectiva do bônus. Saber ouvir é o caminho para que o erro não ocorra. Não hesite, o seu equívoco o levará à prática de Provérbios 22:6: '*Instrua a criança segundo os objetivos que você tem para ela, e mesmo com o passar dos anos não se desviará deles*'. Assim, se ocorrer equívoco sucessivo, a situação se repetirá por gerações e se perpetuará na privação do bônus. Cuide de seus passos, no caminho as pedras não interferem, elas são fixas. Cabe a você saber conduzir os seus desígnios e desviar sabiamente das situações que possam interferir negativamente em sua formação".

Assim, concluímos a questão das vontades e nos resta definitivamente o entendimento de que viemos de lugares diferentes, somos individuais nos conceitos de conhecimento. Por isso, admitir as dificuldades no relacionamento de casados e a dificuldade na educação dos filhos não traz surpresa, as separações acontecem naturalmente. A interpretação deve ser ao gosto individual da livre escolha nos caminhos de cada um, devemos a compreensão da livre escolha, não há regra, há sim a vontade de satisfação a gosto do desejo de ser feliz, casados ou não.

Em uma situação casual, na madrugada, Johnny se pôs a ouvir com segurança, dos lábios de uma linda mulher, de pele morena, cabelos longos, com boa formação e segura de si, aos 26 anos de idade. Disse: "*não vou me casar!*"

A curiosidade tomou conta ao querer saber mais sobre a afirmação segura e com jeito de não haver alternativa para ela. Por que uma decisão aparentemente definitiva, contrária aos conceitos da tradição, talvez por decepção de relacionamento anterior ou ideologia de gênero, ao sabor da liberdade dos prazeres de relacionamento a dois; não encontrei resposta, apenas ouvi. O subconsciente, que não se contenta, quer saber a razão e questiona qual o motivo dessa decisão; entre tantos argumentos, um deles foi revelado, disse-me: "*que convive e regularmente encontra-se socialmente com casais de amigos, casados. Percebe a insatisfação de suas amigas, a discussão permanente relativa à idade de cada um de seus filhos, sobre as dificuldades de educação; os desajustes de relacionamento com seus maridos; o descontentamento devido à necessidade da moradia do sogro ou da sogra por motivos de saúde; o adultério que restou em separação*"; enfim, uma infinidade de motivos.

Além disso: "*não se vê vivendo nestas condições de forma alguma, não percebe alegria nos olhos das amigas, e isso eu não quero para mim!*" De maneira inteligente, continuou: "*não se acha melhor que qualquer uma de suas amigas, que, na convivência de antes do casamento, todas eram extremamente felizes, livres e soltas, buscando a realização profissional*". Por isso, como se olhasse para os exemplos práticos, não deseja o mesmo para si. Ainda, ao ser questionada, entre tantas razões que levam ao casamento como, por exemplo, encontrar o amor verdadeiro, a outra cara-metade, a realização na constituição da sua família, enfim, viver a tradição na realização dos desejos de felicidade através do casamento, respondeu-me friamente "*que viverá todos os amores que acontecerem na vida, mas pelos atropelos diante das incertezas, dispensa o casamento*" e reforçou: "*todas as minhas amigas encontraram o amor que achavam ser a perfeição para todas as realizações e felicidade plena. Então, se isso vier a acontecer comigo, eu vou esperar a febre passar*".

Concluí na exatidão do seu raciocínio, baseado na sua realidade, observei não ser muito diferente das minhas razões. Porém, se não as mesmas dificuldades, são situações de problemas que fatalmente acabariam por gerar desavenças e desordem. O assunto trouxe suporte para os seus pensamentos, que contrariam a sua vontade de se casar com Lucy. Após longos sete anos de relacionamento incerto, Johnny, convicto dos seus objetivos, termina o namoro. Viveu todos os mistérios da noite, artista plástico autodidata e com o conhecimento da filosofia, não apenas dos mistérios que envolvem a mulher, mas dos mistérios que busca a vã filosofia dos homens, dos sabores da vida, a realização do seu trabalho. O bom relacionamento fez de sua vida um processo que envolve os benefícios dos prazeres com liberdade e independência, sempre em função das artes e dos mistérios dos casos de amor. Solteiro, podia pintar em qualquer lugar, junto às vontades dos encantos da noite, sempre vibrante, no balanço do *Scotch Swing* em uma de suas mãos, com o pincel na outra, em busca do nu artístico, era a sua realização. Talvez, junto a esses mistérios que envolvem os seus caminhos, os encontros e desencontros, pensa em encontrar alguém, na simplicidade do dia a dia, não distante como nos acontecimentos casuais que o destino lhe apresentara como missão impossível.

Falando consigo, o seu desejo oculto era encontrar a sua verdadeira cara-metade.

Referência:

PIECZYKOLAN, Eder. **As 3 fases da vida com sucesso.** 2ª edição. São Paulo: Letras do Pensamento, 2021, 99-107p.

Contos de um bom canalha

Sem histórias vividas, não se escreve. Neste título vou descrever experiências de relacionamentos vividos pelo personagem Johnny, quando solteiro. Algumas memórias de um cafajeste legal, que percorreu caminhos sinuosos em busca da verdade de sua alma, do desejo sexual e de seus conceitos na convicção da liberdade plena.

Compreensão divina: a luz da verdade pode afligir, mas se resigna à compreensão do incompreensível.

Mulher casada: uma experiência basta. Cachorro magro aprende a recusar osso alheio.

Nas drogas, encontrou o desespero da família ao admitir a culpa do envolvimento de uma filha no deplorável mundo das drogas.

No comportamento sexual encontrou a disfunção conhecida como transtorno de excitação, uma disfunção sexual na qual a mulher tem dificuldades ou nenhuma sensação de vontade e desejo quando estimulada. Observamos com experiências as razões incertas da frigidez estarem ligadas diretamente a problemas psicológicos decorrentes de descontentamento familiar, estresse, depressão, violência doméstica e sexual desde a infância, embora não necessariamente.

No aspecto financeiro encontrou a carência por incapacidade financeira dos pais, atribuindo a si a culpa. Por isso, os pais viviam com o sentimento de sempre estar faltando algo no conforto das finanças para com seus filhos. Ao contrário, também trouxe a visão de o mais se tornar menos e contribuir negativamente para o desequilíbrio na relação social e sexual dos filhos.

A beleza está na simplicidade: nos anseios da vida, a emoção deve prevalecer sobre sua vontade, a razão das circunstâncias do que não se vê, a realização pode estar na situação oculta e no *glamour* inesperado.

Vejamos algumas histórias vividas, como contos, pelo nosso personagem.

Compreensão divina. O atrevimento o induziu ao erro. Johnny era um neófito sujeito aos deslizes da vida. Viria muito cedo à paternidade, o nascimento da filha, nos meados dos anos de 1980, com o entendimento de que ter filhos é um amor supremo e incondicional. No entanto, não podemos nos esquecer das consequências do amor pretensioso, que, neste sentido, é egoísmo. Afinal, a falta de consciência plena vai sofrer e fazer sofrer, uma nova vida terá, certamente com suas próprias vontades e desejos. Houve erro por inexperiência e trouxe a vergonha, admite Johnny, mas induzido, a procura era incessante, ela queria não a amizade, com a inexperiência, uma gravidez inesperada. Acaba por envolver pessoas. No entanto, a busca do bom caminho e da compreensão em nome e desenvolvimento do filho, amor supremo e incondicional. A vida de Johnny nunca mais seria a mesma, e neste caso não haveria filosofia que ajudasse. Entretanto, passou a pensar nas virtudes de Aristóteles, *"Julgar um homem quando sente vergonha de praticar tal ato é um absurdo, pois nos envergonhamos de nossas ações voluntárias e um homem bom nunca cometerá voluntariamente más ações"*. Por isso, entendeu não ter sido um erro, a consciência das consequências e da compreensão dos desígnios da vida, não cabe questionar a vontade do Pai. Com a compreensão da gravidez, nasce uma bela amizade com o avô materno, pessoa que transcende e acolhe facilmente as vontades das incertezas do homem. Ao contrário, a princípio sem mesmo saber com quem, a avó materna odiaria Johnny eternamente, levando junto de si, para longe, talvez para a profundidade da terra, com indignação, onde se corrige o rancor e com sorte o perdão do supremo Deus.

Mulher casada - Marcely. Uma bela mulher, morena de olhos verdes, exuberante de corpo, recentemente casada, chegou de outras terras áridas no início dos anos de 1980, lugar de clima quente, lá dos recantos dos sertões brasileiro, para concluir a faculdade que iniciara na sua terra natal. Charmosa, incomodava não apenas com o sotaque harmonioso, mas seu decote usual denunciava as curvas de seu corpo retilíneo em direção às suas partes... Igualmente seus vestidos curtos, as belas pernas, um desfile em sala de aula, a desconcentrar os bons conceitos da heterossexualidade comum daqueles tempos.

Johnny, muito jovem, educado nos princípios da boa educação tradicional, mulher casada seria como uma divindade no altar, sendo possível apenas a manutenção de boa amizade e nada mais. Sem exceção. A beleza da novata acadêmica incomodava até mesmo os mestres de idade avançada, ao chegar atrasada, com a sua voz característica, suavemente, ao adentrar a sala de aula, seu pedido de desculpas, com gracejo, passos lentos para deleite de todos, até se acomodar, era o suprassumo da desordem na imaginação de cada um... O detalhe, a incompreensão da ala feminina, como se questionassem a bondade do divino Espírito Santo para com uma só mulher. Além de suas características eróticas, a suavidade de sua fala, a inteligência sobressaía naturalmente. Johnny, encolhido ou assustado com a exuberância das manifestações de Marcely, percebeu além dos encantos didáticos da jovem promissora, o olhar fixo sugeria a vontade de aproximação da bela mulher, passou a sentar-se ao seu lado. Com isso, pôs-se apenas a apreciar e a desejar, porém, incomodado por não resistir aos encantos da doce morena. Uma noite, todos concentrados no árduo aprendizado das artes, em sala de aula, atrevido, como se respondesse aos seus desejos insinuantes, olhando não nos seus olhos, um toque suave no joelho, sem contrariedade, como se dissesse "sim", impetuoso, em plena sala de aula, suavemente deslizou sua mão entre suas coxas, para o delírio e satisfação da jovem recém-casada. Nesse momento, já sabia do talento do jovem Johnny, a sua experiência com a espátula, riscar e agraciar com leveza os contornos de uma bela mulher.

Marcely, na mesma noite, ao retornar para sua morada, pensativa e agitada com a atitude do colega de sala de aula, pois era casada, mesmo assim, como se admitisse ou confessasse para si mesma o calor e a atração daquele momento. Não bastasse a tensão daquela noite, ao deitar-se, seu marido lhe exigiria os afazeres, a satisfação sexual. Contrariada, na consciência tudo muito recente o que acontecera, na tentativa do ato da relação, nos seus pensamentos o jovem amigo não se distanciaria um segundo sequer. A desculpa da dor de cabeça acabou por prevalecer, naturalmente houve a incompreensão do esposo, pois observara a distância do olhar, a frieza incontida, talvez por desconfiar da pretensão da imoralidade que gotejava, prestes a acontecer. Por dias, preocupada em não ceder à desonra conjugal, quis pensar ser um acontecimento casual, sem importância. Mas na regularidade das aulas, por dias e semanas, ao ver o rapaz que a encantara, a tensão aumentava, as pernas trêmulas, estava reclusa no emaranhado dos seus pensamentos.

Insegura, apaixonada, entregar-se-ia à prática da arte do sexo além da sua imaginação, nos encantos das luzes coloridas, nos lençóis de um motel, mesmo sendo uma mulher casada. Naquela noite, na pressa do curto período da aula noturna, nas sombras da noite, que pensam esconder-se na ilusão dos prazeres, junto aos ratos que avançam, na sensação do doce amargo da agressividade do adultério, foram, não no seu veículo, mas no dela, rumo à satisfação dos delírios incônditos iniciados, à revelia das aulas daquela noite (nessa história, e não um conto, Johnny não imaginava o risco de borrar-se, como no início de uma obra pretendida, na tela da sua imaginação, borrar-se por vergonha). Um neófito, um principiante na arte do desconhecido sexo pretensioso e clandestino, na fúria dos hormônios que não medem consequências na jovialidade de 18 ou 20 poucos anos.

Na entrada do motel, a surpresa de quem seria o verdadeiro protagonista da noite: desconfiado da frigidez de Marcely, o marido de mais idade a seguiu, flagrante delito em frente ao motel. Johnny, ao avistar pelo retrovisor um homem dentro do veículo de trás, indagou:

– Estranho! Um homem sozinho.

Ela calmamente olhou para trás e respondeu-lhe:

– É o meu marido.

O prelúdio do fim, gélido, ainda jovem, pois sabe que nestas terras de origem, nas bandas do Nordeste, a acontecimentos assim não se sobrevive, normalmente se usa uma faca. O marido calmamente se dirigiu em direção ao veículo da esposa, debruçou-se na janela, ao lado de Johnny e a interrogou.

– Que bela faculdade que estava cursando.

A frieza espontânea da bela esposa viria a responder-lhe.

– Não se tratava do que poderia estar pensando. Johnny é um artista plástico autodidata de nu artístico, estava ali para os primeiros ensaios e a realização do meu sonho, um nu artístico (no sentido figurado).

Na realidade, ela se apropriou da desculpa de ser uma situação fantasiosa para o deslinde da desconfiança que a perseguia, uma situação fictícia para a prova de sua desconfiança. Indignado, o esposo indagou:

– Onde está a tela?

Para piorar a situação, que não era nada boa, o porteiro acabou por desgraçar indagando e, solidário com o marido, só fazia a situação piorar. Afirmou categoricamente:

– Eles solicitaram um quarto.

Inconformado, o marido:

– Na falta da tela, imagino apenas a espátula do seu amigo entre as pernas, não é?

A casa caiu, o alvoroço da desordem estava feito, as portas de um dilúvio não no palco, mas em frente ao estabelecimento, um espetáculo, como se fosse uma cena teatral, iluminada por luzes coloridas, à qual se juntaram garçons e copeiras. Sobreviveu, os insultos e o desconforto se abrandaram e tudo acabou por ficar bem. Uma lição de vida, o esposo, um homem compreensivo e não merecedor do que ocorrera, Johnny se rende às suas desculpas eternamente, seguro de que nesta situação não haja conceito dentro das virtudes de Aristóteles que o ampare. Mulher casada, jamais.

Drogas. Na suavidade da noite, uma história singular; **Anita,** loira e sensual, de família abastada, teria o seu futuro de liberdade nas mãos de Johnny. A insegurança dos pais fez buscar novos horizontes em outras terras, da capital federal para a capital do pantanal. Uma viagem otimista, uma nova moradia, a esperança de cessar o descaminho destruidor das drogas no mundo da filha, encontrar novos e bons amigos, uma nova vida. A razão de todo envolvimento por influência de amigos que acontecera ocasionalmente, nos bancos da "boa" escola, no ensino fundamental, inocente, o desejo sem acompanhamento, lugares inapropriados, contaminados por vendedores de drogas. A família vulnerável, com o sofrimento permanente, não tem para onde correr, os tratamentos não são suficientes. Em novas terras, na expectativa de novos amigos, aconteceria uma alternativa imaginável, devido à pouca idade de Anita. O encontro, o encantamento da belíssima jovem pelo bom rapaz, amante da noite, mas de educação tradicional e zeloso pelos bons costumes, o sonhador Johnny. O encanto e jovialidade de Anita mais uma vez o deixaria em uma situação delicada e de desconforto. Desta vez, não por insegurança e ciúmes, mas pelos caminhos sinuosos do mundo obscuro das drogas, que levam e destroem sonhos, a vida, a família.

Os pais, aflitos com a situação delicada e degradante da pequena Anita, procuram o aconchego no relacionamento de ambos e veem a possibilidade de um novo caminho, de um novo horizonte ao lado do boêmio Johnny. Entregam-na por confiança, no namoro talvez um novo caminho, uma luz de esperança. Johnny agarra-se à causa, sensibilizado, à disposição em busca de um novo triunfo, para tirar Anita da escuridão. A capacidade sexual de Anita se limitaria por dependência exclusiva do consumo de drogas. Sem drogas, sem libido. A dificuldade mais uma vez está declarada, Johnny é amante da noite, não das drogas, não admite render-se à relação íntima, não acha justo, não seria honesto diante da delicada e sensível situação de toda família. O conflito de consciência se estende e não prospera, não admite manter relação sexual com Anita. É como se houvesse uma barreira, as condições de dependência não deixam expor a sua ânsia de desejo erótico e os afastam da cama, inibem a conexão da relação. Johnny sente atração por Anita, porém vê-se revestido de caráter, não tem forças para sobrepor a falta de autonomia da sua pequena e bela Anita. Seus pais, sem alternativa, envolvidos também na relação dos negócios, retornariam para a sua origem em busca da proximidade de toda a família, para a expectativa e possibilidade de recuperação da filha, que fizera uma viagem por envolvimento de amigos viciados, envolvidos no emaranhado comércio ilícito das drogas, uma viagem sem volta, com raras exceções, às custas sempre do sofrimento de todos, amigos e familiares.

Lésbica oculta. A saga de Johnny não cessa. Viver a sua liberdade é o que simplesmente deseja, sabe por suas próprias virtudes, altivo, ser um anjo branco do bem ou um anjo negro das trevas do mal. Mas tudo acontece em busca da sua cara-metade, nos caminhos da verdade e da transparência. Com olhar específico, como se olhasse do alto como uma águia à escolha da sua presa, a beleza sempre incontestável. Desta vez, não por insegurança do comprometimento de drogas, mas pelos caminhos da ideologia de gênero, que leva à incompreensão biológica que, se não aceita, faz sofrer. Não lhe faltaria essa iguaria, a encantada e bela noviça **Adry** em sua vida. Admite na relação a falta de libido, por isso o desinteresse sexual. Essa condição oculta foge da compreensão, com ele ou com ela. Uma fuga, um mistério que busca o entendimento lógico para o que de fato acontecia. A confiança, a amizade fez a necessidade de revelar a angústia do segredo guardado no seu íntimo desde a sua adolescência, como uma confissão. Adry se rende, confessa sobre a sua deficiência para a prática de sexo, disse não ser frígida, mas dificilmente chega ao orgasmo, gosta de homem, mas não deixa de olhar para uma bela mulher do seu gosto. Admite ter no interior do seu íntimo a atração pelo mesmo sexo, vive dividida entre dois mundos, vive na incerteza sexual... Nessa passagem, a amizade prevalece para contribuir na busca de ajuda, para que a sua verdade seja aceita, não pela sociedade, mas por ela mesma.

Ela veste Prada. Johnny não desiste nos caminhos da prática de sua arte, os encontros com situações de relacionamentos são inevitáveis. Conhece **Sandy**, loira de cabelos longos, ao som e no colorido das luzes das boates da vida. Sedutora e segura no conforto de suas finanças, pensa colocar Johnny na sua vida, talvez dentro da sua bolsa ou de suas terras, afinal ela veste Prada, porém de essência leve, cativante no sorriso permanente e alegre por sua própria natureza. Por onde chega à graciosidade com simplicidade, toma conta e contamina. Johnny pensa que desta vez está no caminho, pensa ter encontrado a sua cara-metade. Ela tem todos os predicados, lindíssima, aos olhos de muitos a situação do politicamente correto, o altíssimo benefício financeiro. Mulher dos recantos da fronteira do estado do pantanal. As visitas são constantes, viaja da capital para o interior, na fronteira, às margens do Rio Apa. Conhecer a família e suas posses é de todo o seu gosto, um sinal de relacionamento fortalecido, ela compreende assim, primeiro passo para uma relação saudável. O acolhimento sempre regado ao bom vinho de qualidade, com um brinde anterior de bom champanhe, a mesa revestida de toalhas de alto padrão, talheres de prata acompanhados de belas porcelanas. Johnny entende estar de bom tamanho para o menino que veio de outras terras, talvez surfar em águas do Rio Apa, às margens de sua propriedade, que deságua no majestoso Rio Paraguai. Mas o destino não o levaria a aceitar a pretensão da bela loira de cabelos longos. Johnny ama sua arte e estar por todos os lugares. Manter-se no campo rural, apenas para ter a imaginação de pintar telas de paisagismo, alheio à sua preferência, o nu artístico. Os caminhos se dividiram em dois, amigos para sempre...

A beleza está na simplicidade. Johnny ama a arte e ama estar em todos os lugares, as belas mulheres estão em todos as partes. Para ele, a química se revela no olhar, no sorriso e na delicadeza dos movimentos, não na grife de uma bolsa. Aconteceu com **Niny**, menina moça, imponente, cabelos longos e suavemente crespos, em um ponto de ônibus, acompanhada de seus pais. Desesperado, sabe que as caças voam e não se encontram mais. Acreditem! Com meia dúzia de palavras, gentilmente os convidou, perguntou se aceitariam uma carona, era um dia de feriado e possivelmente o ônibus iria demorar. Nasceu a amizade com a família. **Niny** se tornaria invejada na faculdade, exuberante, com tamanha beleza e estatura, os amigos não se conformavam com a beleza da mais nova namorada de Johnny.

A simplicidade abre portas. Andar de ônibus é normal e contribui com a qualidade de vida. A família de Niny estava no ponto de ônibus para se proteger do sol, e, por consequência, do extravio das chaves da Mercedes estacionada ao lado, não se sabe como. Johnny admite que a vida é feita de bons e maus momentos, que nem todo dia faz sol nem todo dia chove; na dúvida, é melhor arriscar. E, por isso, nos anseios da vida, a emoção deve prevalecer à vontade, à razão das circunstâncias que se apresentam.

Enfim, a vida corrida do personagem Johnny teria ainda situações impossíveis e imagináveis para escrever. A importância da diversidade de relacionamentos para demonstrar as dificuldades que, quando não devidamente observadas, ocasionam separações, gerando insatisfação não apenas pessoal e emocional, mas, também, à sensível relação dos filhos de pais separados, que muito entristece, quando não bem administrada. Que, aliás, em tempos modernos busca na linguagem comprometedora da simplicidade dessa questão, ao som do *hip hop*. Ao contrário, deve ser vista com responsabilidade e seriedade; fugir desse desconforto que gera traumas, cabe a cada um de nós o livre-arbítrio para a livre escolha ou encontro com segurança. Considerando os impulsos da paixão e do sexo sem preconceito, cabe a cada um essa responsabilidade de menos equívocos, que certamente contribuirá na caminhada de uma vida mais feliz e com menos atribulações. Johnny viria a encontrar sua cara-metade no crepúsculo, talvez nas calçadas de um bar? No entusiasmo do balanço da música de Patrick Hernandez, *Born to be alive* – Nascido para estar vivo. Literalmente, nascido para viver os sabores da vida. E, nos conceitos da boa tradição, em busca da liberdade relativa.

A liberdade é relativa

Onde está a liberdade que procuramos, ela existe? Por reflexo, a fácil compreensão da simples liberdade do direito de ir e vir, isso no contexto do politicamente correto. E, em especial, a dificuldade de entendimento de que tudo que nos abrange limita e nos condiciona, é porque vivemos em sociedade dentro de conceitos estabelecidos, por isso as privações. Neste título, veremos a busca da compreensão, em razão do conteúdo deste livro, das privações Antes, Durante e Depois do casamento.

Enquanto **solteiro**, a liberdade é vigiada para o bom desenvolvimento em todas as fases, em todos os sentidos, a submissão dos filhos aos pais desde que nascem, enquanto não conquistem a própria autonomia, é substituída pela vontade do casamento. Com o casamento, a liberdade deixa de ser controlada pelos pais e passa a ser controlada reciprocamente entre os cônjuges, na visão do politicamente correto. Para nós, não procede.

Durante o casamento, em todos os sentidos, inverte-se a privação de liberdade, agora não como filho, mas como cônjuge. A submissão é ou deve ser consciente, houve a livre escolha, opinaram livremente pelo casamento, cessando os benefícios do estado anterior, solteiro. Vejamos algumas situações como exemplos práticos.

A princípio, com o casamento, as privações se dão por ordem dos conceitos estabelecidos, por "respeito" ou contrato mediante testemunhas em cartório, à outra parte. Esquecem que devem ser livres e fazer prevalecer a confiança recíproca, sem esse sentimento não se justifica a união. Com a paternidade, a privação em razão das responsabilidades inerentes ao filho, as mesmas atribuições que recebera no passado como filho. Por exemplo:

- Ir ao cinema com recém-nascido, bares, boate etc. Agora o conceito é outro, por livre escolha submeteram-se a essas privações, cerceia a liberdade.

- O trabalho é necessário para subsistência da família, o compromisso cerceia a liberdade, antes, com pouca idade estava na casa dos pais.

- No **depois** do casamento, com a separação, a liberdade, em termos, pode ser restabelecida. Se foi casado por pouco tempo, a possibilidade de reabilitação pode ser fácil, no entanto, voltar às privações com o novo casamento. Ao contrário, se o casamento foi duradouro, a dificuldade prevalece, tem consciência plena das privações, dificulta um novo casamento. Um círculo vicioso que gera situações constantes de insatisfação em busca da cara-metade, que acaba por encontrar às custas da satisfação da insegurança que habita em cada um de nós; separadamente, somos individuais e viemos de lugares diferentes. A liberdade está no conceito de aceitar a privação ou a submissão natural, se não oprime, não há privação, muito menos submissão.

Enfim, em qualquer fase estamos condicionados pelos ditames da lei ou pela tradição dentro do comportamento aceito pela sociedade, ditos como politicamente corretos. Contrário a esses conceitos, no caso em tela, no comportamento do personagem Johnny vemos a dificuldade de manutenção dentro do relacionamento devido à incompreensão da simples liberdade de estar onde deseja estar, considerando ainda que a amizade não deve ter sexo, esses pensamentos são vistos como politicamente incorretos pela sociedade, atribuímos hipocrisia. No relacionamento deve-se somar pacificamente a autoconfiança; reprimir, condicionar, não há liberdade, como haverá felicidade?

Por que vou me casar?

Acredite! A falta de planejamento para o casamento acontece, como se fosse simplesmente, após um banho de relaxamento ao final do dia, um trocar de roupas. A imaturidade faz isso, inclusive nos jovens enamorados. Porém, onde estão os pais para o aconselhamento e conscientização dos filhos para as responsabilidades do casamento? No passado ou na atualidade acontece isso. No **passado**, com a disposição para o casamento, para a casa dos pais a mulher não retornava. Nesta hipótese, suportavam-se na manutenção do casamento, mesmo que contrariados, a vida não era fácil. A possibilidade de viver sozinha, antes dos anos de 1970, fazia com que a incompreensão da sociedade fosse certa. Havia preconceito com relação às mulheres separadas e à manifestação de vergonha para os pais. Na **atualidade,** no casamento equivocado, a separação facilmente acontece, e o retorno para a casa dos pais é normal, salvo exceção, com trabalho, com o auxílio de pensão alimentícia, quando há filhos, naturalmente se vive sem preconceitos, é vida que segue. Cabe ao jovem a leitura e o entendimento dos títulos *Casamento Prematuro* e *O namoro é a cereja do bolo*, do livro *As 3 fases da vida com sucesso*. Resignar-se com paciência para o amadurecimento da relação é essencial. O casamento extemporâneo atrasa os caminhos, se com filhos, a responsabilidade que exige cuidados fará sofrer.

A característica de Johnny é implacável, sofreu no seu relacionamento anterior por ter, como se fosse um cajado, na sua natureza, a sua liberdade. A continuidade dos seus prazeres como grito de independência, na noite a realização completa, estava livre. Viveu por muito tempo solteiro, nos prazeres dos lençóis descompromissados. Como se aguardasse a voz, o som do destino soar no trompete, como anunciação do encontro de quem não se imagina ou conhece, vir por desígnio do além ou pelas cartas de uma cartomante, em tom de brincadeira revela o amigo **Robert**.

Nos encantos da noite, não distante do destino, na sua cidade, um encontro inusitado, como se fosse uma intercessora, ainda não ela, mas por intermédio da irmã dela... Viria a conhecê-la naquela noite, não nas calçadas da fama de qualquer lugar, mas na calçada da sua cidade, em um bar. Talvez nos benefícios e prática da sua vontade, alguém que também priorizasse a liberdade. Com o tempo, nos seus conceitos de liberdade, alguém que igualmente pensa e tem como seu escudo os dizeres do autor libanês Khalil

Gibran: "*Si amas a alguien déjalo libre, si regresa es tuyo, si no, nunca lo fue*". Rendeu-se feliz, com a sensação dos mistérios de ter encontrado a sua alma gêmea, como se vagassem ao encontro um do outro pela eternidade. O encontro aconteceu, a quem atribui como a rainha das águas, a coincidência do balanço não apenas d'água, mas a consciência da vulnerabilidade da vida, juntos na descontração e no balanço da liberdade nas estradas do mundo.

Vamos ter filhos?

Nas incertezas do título anterior, vimos a falta de amadurecimento para o casamento, a ausência de luz e inconscientes sobre as pretensões da vida a dois, seus objetivos são ignorados, não sabem, não se importam com querer saber das vontades e pretensões distintamente entre ambos, para a vida de casados, como se andassem no escuro, na contramão da luz do dia.

Nessa questão de ter ou não filhos, Robert, o amigo de todos os momentos de Johnny, conta-lhe uma história real de constrangimento: que após dois anos de casados, a esposa decidiu revelar ao marido que não teria filhos. Um exemplo prático, destes tempos recentes, da união de dois jovens sonhadores, com 20 e 22 anos de idade. A ilusão do casamento, suportado apenas nos sonhos da paixão momentânea de vida fácil e feliz, sustentam a união, a vontade de começar uma vida nova, o trabalho no Canadá. Casamento é amor e consciência de planejamento; atribuir expectativa, como se fosse uma muleta, não prospera. Não houve questionamento, planejamento, muito menos o conhecimento das pretensões de ambos em ter filhos. Houve um objetivo de ir para o Canadá. Poucos anos de casados, ela, segura em não ter filhos, ele, absolutamente contrário, tê-los. A surpresa ocasionada, naturalmente, a falta de conhecimento e amadurecimento das vontades e objetivos na relação com o outro. Ao menos não sabiam do interesse um do outro, a vontade de terem filhos ou não. Prevaleceu o término imediato do casamento por falta de interesse de terem filhos.

Contrários a tudo, a repressão e sentimento de posse não prevalecem. Reluzentes e vibrantes, Johnny e Rainha das Águas, sem planejamento, acreditam em todos os sentidos serem a cara-metade um do outro. Com relação a filhos, que não seria questão de desentendimento, deixariam mais uma vez para os mistérios que os uniram, os mesmos saberiam o que decidir, ter ou não filhos. A certeza e a satisfação do amor incomum, a liberdade como tempero, com o tempo, os desígnios do supremo celestial saberiam o que deveria acontecer. Após três anos de união, comprovada a dificuldade de fertilidade, misteriosamente encontra-se grávida.

Enfim, desejos de felicidade e sexo

A vida não é fácil para ninguém. Você acredita ser possível uma pessoa não desejar a estabilidade financeira? Sair todos os dias de sua casa, faça sol ou faça chuva, para trabalhar dentro da sua capacidade, condição e habilidade profissional, satisfeito ou não, é o que acontece. Isso é necessário, exceto se nascido em berço de ouro ou por sucessão hereditária; querer ficar em casa, mesmo assim, seria uma exceção e desperdício, como se admitisse ser o protagonista do seu próprio fracasso.

O desejo de felicidade é supremo, acredito não haver maior sonho do homem desde todos os tempos; sair para caçar, buscar o alimento para a subsistência da família, no mínimo, além de saciar a fome, é impossível não sentir a graça de felicidade e satisfação.

Da mesma forma, há o desejo de felicidade na realização pessoal de encontrar e encantar-se com sua a cara-metade, não como uma bengala de escora (considerando as exigências e evolução da mulher), mas a compreensão de que a felicidade deve ser distinta, a sua. Mas dividir e construir no aconchego da relação a dois.

Em ambas as situações, no trabalho, no casamento, partilhamos o entendimento de que a capacidade é de fato comprometedora para o resultado de um final feliz, sucesso financeiro em primeiro, a realização amorosa em segundo. Vejamos.

No **trabalho**, considerando que todas as profissões são dignas, somente a capacidade vai permitir maior avanço para o mais capacitado. Para isso, há que considerar e ter o entendimento de que sucesso profissional se distingue da realização do casamento. O trabalho implica sucesso profissional e financeiro. No casamento a realização é distinta.

Existe grande discussão filosófica com relação à felicidade depender das condições financeiras. Entendemos que a felicidade independe do dinheiro, exceto as necessidades básicas que fazem sofrer (a fome) e a essencial (habitação), a sua casa. A estabilidade financeira pode trazer ou mandar buscar satisfação de prazer, uma bela casa, o melhor carro, um iate, inclusive o sexo pago, a prostituição, mas a real felicidade não se compra.

No **casamento**, considerando todas as atribulações do cotidiano, trabalho, filhos, escola, você – na fase do antes do casamento – provavelmente reside com a família, pai e mãe. Por isso, deve se perguntar se está pronto e se tem capacidade financeira para ser um homem casado, uma mulher casada, no sentido de realização de vontade emocional, psicológica e financeira. Ter a consciência de que a mulher, longe do glamour do casamento ou do sentido filosófico, tem a realidade de circunstâncias da tarefa de lavar, passar e cozinhar, e o homem ficar, no mínimo, fortalecido financeiramente, seus afazeres. Estas considerações podem ser atribuídas como se fossem uma brincadeira, ambos trabalham, o homem e a mulher, porém não se iluda, mesmo que haja condição financeira para suportar os gastos de uma secretária doméstica, lembre-se de que sábado e domingo são dias de folga. Se não houver condições de fato, a roupa deve ser lavada, passada; com relação à cozinha, há o risco do Fast Food.

Não se iluda. No mundo das relações, não apenas no trabalho, existe o famigerado jogo de interesse, troca de interesse; amanhã, talvez, lavar uma simples taça de champanhe que acalentou a noite anterior de amor ou muitos outros afazeres pode fazer a diferença do seu interesse. O mundo das relações está mais para a história de bruxas malvadas do que para a suavidade da obra de **Jane Austen**, *Orgulho e Preconceito*, de final feliz, porém trágico. Enfim! Desejo de felicidade com o casamento tem dessas coisas, salvo a consciência para a manutenção do amor.

Na simplicidade deste título, agora versamos como poesia sobre a verdadeira relação do espaço e do tempo que insiste em não deixar desistir do seu amor:

O inconsciente, que não deixa esquecer, machuca e faz sofrer por trás das lágrimas...

O sonho que não se mede resiste em fazer acreditar, com a distância não se deve importar...

A maldade da ilusão, como se fosse dona da razão, desequilibra e não deixa sonhar, não é justo...

A razão já perdida, entristecida já não quer optar, deve arriscar....

A lembrança vivida que não quer apagar, sustentar a esperança que um dia vai encontrar...

Restam os mistérios dos anjos brancos ou negros da imaginação em querer acreditar ser possível o desejo de felicidade e sexo com quem verdadeiramente se ama...

A rainha das águas retirara das ruas o artista autodidata, fanático pelas suas obras de nu artístico nos cantos e recantos de todos os lugares para o aconchego da moradia em comum. Teria ela verdadeiramente a compreensão, a receita dos segredos da liberdade de Johnny?

Sim, eu diria! Está na confiança da necessidade da sua própria liberdade, se não dos bares e da noite daqueles tempos, na suavidade do interesse do seu mundo, na leitura de um bom livro, sorridente, já à noite, aguardando acompanhada de um bom champanhe.

Assim demonstra a sua leveza. Um dia, ao entrarem em um carro, ocasionalmente na companhia de um amigo, ligeiramente ela diz a Johnny, e para o conforto do amigo, sorridente: *"vou no banco de trás, eu nasci para ser conduzida"*.

A liberdade não está na rispidez da própria vontade, está na suavidade de entender a vontade do outro, na sua confiança, não na dele.

Durante o Casamento

Casamento não é teatro

Neste momento, raras exceções, muitos são levados pelo comportamento do mundo encantado dos sonhos. Agem como atores em cena, em um palco de teatro ou no picadeiro de um circo, enaltecem a sua obra como se fosse um conto ou poesia. Em um palco, um dia se está aqui ou acolá, está por todos os lugares e normalmente as apresentações são noturnas, teve em suas mãos os mistérios da noite, agora ficaram para trás. O casamento não é como uma apresentação teatral, com breves momentos, trocas de cenário e roupas, fazem rir ou chorar, as cortinas se fecham e a fila anda.

Neste momento, já fez a sua escolha, o *script* ou a partitura da música, da peça do teatro da sua vida está em andamento, projetos e projetos imagináveis, sempre além da sua vã imaginação. Lembre-se! Sempre além da sua vã filosofia de uma vida acertadamente feliz. Casamento não é teatro, é vida real.

Neste momento, o desencanto do sonho é aterrorizante, em Verona, na Itália, a casa de Julieta é frequentada por milhares e aos empurrões. O desejo da sonhada fotografia com a estátua ou na romântica sacada da ilusão, criada magnificamente pelos sonhos talvez de uma realidade que não viveu, porém escreveu e bem ilustra a obra literária de **William Shakespeare**, publicada em 1597, de gênero trágico,

Romeu e Julieta. A história de dois adolescentes na cidade de Verona, na Itália. Por objeção de seus familiares, acabaram por sucumbir em tragédia. Romeu envenenou-se; por consequência desta atitude, Julieta se suicida com o punhal de Romeu.

Neste momento da vida real, não se iluda, casamento não é teatro. A cumplicidade do relacionamento vai além dos palcos, das telas de cinema que fazem sonhar e viajar acordado. Encontrou o seu príncipe, a sua princesa, a cumplicidade com amadurecimento vai contribuir com os seus passos nos caminhos da estrada que escolheu. O sonho de prosperidade, realização, felicidade, fertilidade, como no teatro, na vida real também se vê. Mas nos caminhos da sua estrada encontrará pedras, elas são fixas, por isso, a genialidade de saber desviar com o mesmo propósito, a felicidade. A dificuldade está na incompreensão de, um dia, um ou outro querer caminhar sozinho por outros caminhos. Se isso não fosse verdade, as separações não aconteceriam. Por isso, ao eleger o seu candidato ao "Prêmio Nobel" da felicidade, saiba que existe o risco de não acontecer; às vezes, sem culpa, sonha-se só, não se sonha pelo outro, as vontades divergem.

Neste momento, além da normalidade da não realização do sonho, da vida eterna ao lado do seu príncipe, da sua princesa, a incompreensão maior de que nos caminhos, seu candidato ao prêmio da felicidade, com aparência de suavidade, entre as montanhas, poderá vedar os seus olhos, como se fosse uma brincadeira de roleta russa e fazer você caminhar em direção do abismo. A vida de casado não é teatro.

Convicção para o casamento

As inspirações e os sonhos do passado de qualquer um trazem, no casamento, um sonho de nova vida a dois, agora longe dos pais. Vida própria, um novo mundo, uma nova trilha a percorrer por sua conta e risco. As incertezas do início da convivência são facilmente superadas, as novidades e a expectativas da união perfeita prevalecem sobre todas as barreiras. Os obstáculos são facilmente aceitos, pensam ser facilmente superados. O sonho de realização na formação de uma nova família contribui e traz expectativa positiva para o fortalecimento da união. Para esta convicção, um trecho do livro *As 3 fases da vida com sucesso*, capítulo *Estou pronto para o casamento*. Transcrevo:

"Que maravilha! Imaginemos a realização profissional ou mesmo sem ela, o amadurecimento chegou e por coincidência o amor reluz a favor da união matrimonial".

Temer o destino, deixar de buscar as suas realizações por medo, não justifica a razão da sua existência, pelo menos aqui na Terra ou talvez em Marte. O amor parece ter hora marcada, do encontro ao desencontro, acontece, sabe que é inevitável, entrega-se à projeção para o futuro, como se fosse o destino. O tempo será o juízo da sua opção, o céu ou inferno. Não foge, arrisca-se ao sabor do inevitável desejo. Se errar, a conta vai chegar, não importa, com os erros a certeza do acerto incerto, a dúvida não justifica. No entanto, compreenda que surgirão caminhos a percorrer, desde o início, antes, durante e depois. **Antes**, como se descobrisse o caminho para o céu em vida, de dia com flores e beija-flores por todos os lugares. Na noite, encontrará no céu até mesmo as constelações nos delírios por meio do sexo. **Durante**, como se realizasse o sonho de percorrer todo o caminho de Santiago de Compostela, belo, árduo, os tropeços são inevitáveis, mas, no final, o sentimento de realização. **Depois**, caso não tenha havido o mesmo amadurecimento do início que fez chegar ao casamento, com o pensamento da boa escolha, será como percorrer os campos minados das batalhas da guerra do Vietnã, as lesões serão certas.

Neste título, veremos um breve enunciado do zelo para buscar a felicidade a dois. A felicidade primeiro deve ser única, cada um feliz ao seu tempo, o outro não deve ser uma escora para isso, ele pode contribuir, mas também pode destruir o que existe em você. Com isso, considerando todas a variáveis do relacionamento, negativo e positivo, lembre! Em que pese você não se casar apenas com a sua cara-metade, casa-se também com a família do outro, com isso, o reflexo do acerto ao erro, o risco do relacionamento. Um casamento bem-sucedido é a alavanca para a felicidade e, por consequência, o sucesso almejado. Essa história tem que ser vivida, o caminho é belo e sinuoso, por ora não me atreverei em detalhes, você deve viver a experiência, depois você responde a si mesmo qual caminho encontrou.

Um exemplo de outrora, da atividade profissional como advogado, o cliente **Setembrino**, homem maduro e trabalhador do campo, recém-separado de fato de sua ex-legítima esposa há poucos meses, procurou-nos para oficializar a separação judicial, junto aos órgãos competentes. Entusiasmado, conheceu – havia seis meses – a verdadeira outra cara-metade da sua vida, a querida professora maternal de pouca idade, da cidade do interior, onde o mesmo praticava a sua atividade agropecuária. Argumentei que o pouco tempo de relacionamento não era o suficiente para conhecer a essência da sua pretendente, apesar de noviça e bela. A recusa foi imediata, a certeza imperou, convicto, em pouco tempo o enlace estava sacramentado. Em pouquíssimo tempo retornou, na visita inesperada, a surpresa do arrependimento, o novo casamento não suportou a chegada do Natal vindouro. O ponto alvo da questão: '*Doutor! Por que não lhe dei ouvidos?*' Não somos donos de verdade alguma, a única certeza é que o amadurecimento é essencial para todas as questões, não apenas de relacionamentos amorosos, mas para todas as decisões. Devemos considerar a paciência, somente ela, combinada com o tempo, ofertará o melhor resultado.

Contudo, a consciência deve prevalecer, os riscos de um casamento prematuro assemelham-se ao velho bordão que diz: "*O dinheiro não aguenta desaforo*". O casamento prematuro, inconsciente, não foge à regra, não aguenta desaforo. Considere que não vai mais estar na casa dos pais como antes, onde tudo era provido. Na consciência otimista, há o conhecimento das atribulações que a vida oferece. No entanto, optou, assumiu riscos em nome do amor.

Lembre-se de que as despesas entram pela porta, o amor foge pela janela e saco vazio não para em pé.

Referência:

PIECZYKOLAN, Eder. **As 3 fases da vida com sucesso.** 2ª edição. São Paulo: Letras do Pensamento, 2021, 133p.

Casamento Prematuro

A intenção deste título, também oriundo do livro *As 3 fases da vida com sucesso*, contribui sobremaneira para os cuidados necessários na concepção do casamento, que podem contribuir para o sucesso no aspecto financeiro ou, ao contrário, ser o início de uma ruína. Aqui, o conceito específico na realização, satisfação e consequência da instituição do casamento. Vejamos.

"Inúmeras foram as experiências em presenciar casamentos prematuros, sociedades de fato durante o exercício da profissão. Dos bancos escolares, ainda juvenil, aos bancos da universidade, o momento de aprendizado, confunde-se com a magia do amor e se torna pretenso candidato a ser chamado ao enlace do matrimônio. Considero que a paixão não é racional, é emoção, surge uma nova oportunidade de equívoco, como no passado, a escolha de uma profissão às vésperas do vestibular. E agora, o que fazer? A tentativa de concluir os estudos universitários, desviando-se das flechas de algum cupido e nessa instituição não temos várias alternativas, apenas duas: dar certo ou errado, e ponto final. Assunto delicado e reservado à opinião de terceiros. No entanto, contra esse fogo, não há água que dê jeito, a brasa queima e se consome. O resultado, só o futuro saberá. Por isso, ouso manifestar-me nesse assunto delicado e sensível à aceitação de opiniões. Difícil! Mas necessário. Posso afirmar que, neste sentido, presenciei de tudo um pouco. Desde o aconselhamento paterno e materno, o ajoelhar-se de uma mãe desesperada aos pés de sua filha para que não se rendesse ao casamento, antes de melhor idade e formação. Quando a situação não é superada e é levada a fato, raras exceções de sucesso ao longo dos anos pude presenciar.

O risco trará diversas consequências para um projeto justo e equilibrado na realização positiva das três fases da vida para o sucesso. A pouca idade, somada às responsabilidades na constituição de uma família, ainda no curso dos estudos, será um passo que o levará ao abandono, às incertezas com relação ao que antes era essencial, a formação.

No dia 13 de dezembro de 1986, na colação de grau na Faculdade de Direito, ainda nos últimos instantes, dispôs-se a transmitir o seu conhecimento como professor, recebi do nobre causídico, Dr. João Lacerda de Azevedo (*in memoriam*), magistrado aposentado, professor de Direito Civil, aos 80 anos, outrora os bons tempos do judiciário. Em um breve momento, conferiu-me de maneira reservada a confiança para que propagasse a frase que herdou ainda como estagiário do grande jurista Rui Barbosa, na cidade de Salvador, na Bahia. A frase que o acompanhou na fé durante a vida e em obediência à justiça:

'Vencerás na grande paciência.'

Refiro-me a esta lembrança por ter levado a sério esse ensinamento, como um norte a ser seguido por toda a vida. Mesmo porque, uma orientação vinda de alguém com muita experiência no mundo do Direito Civil brasileiro e longevidade também no relacionamento conjugal.

As oportunidades de matrimônio não me faltaram, desde a faculdade. Porém, levei a sério o ensinamento recebido no momento preciso, que cabe para todas as situações da vida: *'vencerás na grande paciência'*. Somado a isso, as experiências utilizadas nas linhas deste livro, o aproveitamento das experiências alheias, contribuíram para o acerto. Afinal, não somos exceção, mas sim um ser único e individual, falível. A oportunidade de relacionamento normalmente sorri para todos. Portanto, não seja prematuro, o tempo, neste caso, é o seu melhor amigo. Pense bem!"

Uma nova fase surge com o nascimento do primeiro filho. Com os filhos, os ideais se multiplicam, a felicidade parece não ter fim. Para isso, recorro ao capítulo *Filhos* de *As 3 fases da vida para o sucesso*, esclarecedor quanto às consequências de ter filho sem o devido planejamento, o que pode trazer consequências graves e até mesmo o fim da união. Vejamos.

"Não entendo como um retrocesso, mas sim uma visão harmônica, entre o desejo de fato de os pais terem filhos e as condições econômicas e consequências psicológicas que podem ocorrer. Um paradoxo ao longo dos tempos, a questão de conscientização, informação e planejamento é de caráter cultural. Ter filhos pode ser um ato de 'egoísmo', difícil compreensão desse entendimento. Via de regra, a concepção se dá naturalmente por relação sexual, por circunstância do casamento, união estável, barriga de aluguel, independente e meramente casual, ou seja, nada escapa do aconchego da barriga de uma mãe, do ventre materno. São várias as circunstâncias que levam à paternidade e assumem a responsabilidade de uma linha ascendente de parentesco, normalmente por uma família típica, aos olhos da religião católica e judaica. Até meados do século XX, o pai assumia inteiramente a responsabilidade econômica, depois o cenário se altera e as mães também exercem o controle econômico."

A citação, no que tange a "um ato de egoísmo", no sentido da vontade de ter filhos, não prevalece às condições financeiras para essa realização, esquecem, às vezes, o momento certo, deixam acontecer em momento inapropriado; em certas situações, não há estabilidade financeira adequada para a manutenção e educação escolar. Muito se vê a triste consequência, as dificuldades levam às separações. A difícil realidade faz de um sonho estatística de separação, tendo como resultado filhos de pais separados, isso não é bom. É a razão de problemas de todas as ordens, inclusive social, financeiro e psicológico.

Referência:

PIECZYKOLAN, Eder. **As 3 fases da vida com sucesso**. 2ª edição. São Paulo: Letras do Pensamento, 2021, 91p.

Casamento por conveniência

A sociedade é composta naturalmente por classes sociais: pobre, média baixa, média alta, ricos e milionários. Implicam atividades diversificadas de trabalho, trabalhadores desempregados, trabalhadores de todas as ordens e de todas as atividades, pequenos e grandes empresários. Nesta cadeia ocorre o conhecimento, as relações sociais por intermédio também dos nossos pais, que, desde muito cedo, direcionam o filho de acordo com suas condições financeiras para a escola, onde se inicia o perfil social e moral de cada um de nós. Essas diferenças ordeiramente nos remetem a uma determinada classe social, como exposto anteriormente. Contudo, no alvorecer do caminho para o futuro em todos os aspectos da sociedade, alavancando as oportunidades por meio de convivência social, surgem as possibilidades de progresso, quase como uma progressão matemática, as chances de melhores oportunidades, a contento da sua vontade ao matrimônio, por amor ou sem ele. A possibilidade de um amor verdadeiro, no entanto, o risco da escolha por interesse acontece e, por consequência, a aventura pode ter seu preço, bem casado financeiramente, mas, por outro lado, desassistido do amor à sua cara-metade. Assim, muito se vê relacionamentos desfeitos. Insiste, a princípio consegue, com o tempo, o desgaste, não suporta a escolha irracional. Neste jogo de incerteza de sentimento, se prevaleceu a conveniência no casamento por interesse, não cabe julgar, se há ou não culpa, é pessoal, só o tempo condenará se o erro estiver escondido no subconsciente. Neste sentido: ***"É melhor correr o risco de salvar um homem culpado do que condenar um inocente"*** (Voltaire, 1649-1778).

Lembre-se de que a escolha por interesse econômico, a consciência condena e não absolve, porque não há inocência, há a intenção.

Surge uma nova mulher

Um breve relato da superação da brava e incansável mulher, sofrida, inferiorizada e abusada desde todos os tempos, desde preparar o alimento e não poder sentar-se à mesa. Ainda no período da divisão dos tempos, visto na ficção e na Bíblia, o convite de Jesus a Maria Madalena, para sentar-se à mesa.

Sua valorização, como se fosse por vingança da própria natureza, viria a acontecer por meio da necessidade de o homem ir à guerra. A triste realidade das duas grandes guerras mundiais (1914-1918 e 1939-1945), entre as atribulações de exclusão racista de milhares de judeus, de maneira favorável contribuiu para o início da libertação da mulher, por necessidade ou obrigação dos homens de irem para os campos de batalha. Com isso, surgiu naturalmente a iniciativa no campo de trabalho no lugar do homem, a valorização, o espaço para a mulher em benefício e sustento da própria família. Com isso, no pós-guerra, houve uma inversão de valores, a mulher no trabalho e os homens que voltaram vivos, desempregados, o machismo prevaleceu. Por volta de 1950, retornaram para os afazeres domésticos. Isso não iria durar por muito tempo.

Na década de 1960, no embalo dos direitos iguais, ocorreram manifestações na França e nos Estados Unidos em busca da liberdade, também sexual, combinada com a descoberta do anticoncepcional, em muitos países o direito aconteceu. No entanto, não seria fácil. Mesmo assim, o preconceito e a discriminação imperavam, os salários eram demasiadamente inferiores. A resistência se deu até os anos de 1970, ainda com uma pequena parcela ativa no mercado de trabalho. Naturalmente, do ano de 1980 para cá, houve avanço significativo na evolução e a aceitação natural da mulher no trabalho. A perspectiva de se tornar o maior número no mercado é incontroverso, são mais dedicadas, sensíveis, e ocupam atualmente, com diferença favorável, os bancos das universidades.

Viva à mulher aguerrida, ausente de falácias descabidas e naturalmente contrária à incompreensão machista pela perseverança e sucesso da nova mulher.

Referências:

GZH. Disponível em: <https://gauchazh.clicrbs.com.br/>.

Bíblia. Português. **Nova Bíblia Pastoral**. São Paulo: Paulus, 2014: Novo Testamento. Evangelho segundo São Lucas, Cap. 10, versículos: 38-42.

A independência fortaleceu a mulher

Com o advento da separação, nesses tempos modernos, a mulher, também em virtude da lei, salvo condição financeira específica e individual, é condicionada com igualdade à responsabilidade no zelo e sustento do filho com o ex-marido. Traz, por efeito, a responsabilidade e o bom atrevimento na concorrência de igualdade no trabalho e não deixa nada a desejar, no sentido de buscar o seu espaço.

Se não bastasse a relevante atuação da mulher na Segunda Guerra Mundial, em especial as guerreiras francesas, em memória, foram determinantes para os resultados que trariam um recomeço no desenvolvimento de seu país e no mundo. Pós-guerra, foram cruelmente hostilizadas depois do retorno de seus maridos por terem assumido posição de destaque, trabalho digno, salvo raras exceções, foram acusadas e sacrificadas por adultério. Contudo, viram a força e a possibilidade de seus novos direitos, entre eles o direito de votar.

No mês de maio de 1968, a revolução social nas ruas de Paris, na França, marcada como **caça às bruxas**, durante 30 dias as mulheres lutaram por igualdade de salário, pelo fim da violência, assédios contra a mulher em casa e no trabalho. Os movimentos foram intensos e capazes de promover mudanças sociais. Enfrentaram, nas ruas, barricadas e atitudes repressivas dos policiais do governo conservador de Charles de Gaulle, exigiram a renúncia do presidente, considerado um conservador, e a convocação de eleições gerais, tudo como proposta das manifestantes.

As manifestações tiveram início com protestos estudantis, a princípio nas universidades de Sorbonne e Nanterre, trazendo grande mudança não só na França, mas, aos poucos, no mundo. Na literatura vasta da época, verificava-se a dificuldade das mulheres ativistas, eram na maioria camponesas pobres, foram massacradas, torturadas e agredidas moralmente, como mulheres loucas, desonradas e pervertidas. Eram apresentadas como bruxas e adotadas como símbolo da revolta feminista. No entanto, a mobilização foi decisiva para o fim do processo de marginalização da mulher frente ao capitalismo que se iniciava fortemente. Correram os riscos, foram perseguidas com a **caça às bruxas**, porém a greve tomou proporção alarmante mundo afora. Na França, nove milhões de trabalhadores aderiram ao movimento exigindo melhores salários e condições de trabalho. O governo refugiou-se em uma base militar na Alemanha; sem saída, concedeu abono salarial e convocou novas eleições legislativas. Cita o professor **Felipe Maruf Quintas** que a manifestação de maio de 1968 teve a influência e foi incitada pela CIA. E, segundo Andrew Korybko *"se aproveitaram de problemas identitários em um Estado-Alvo a fim de mobilizar uma, algumas ou todas as questões identitárias mais comuns para provocar grandes movimentos de protesto, que podem então ser cooptados ou dirigidos por eles para atingir seus objetivos políticos".*

Há que se lembrar do protesto público com ativistas do *Women's Liberation Movement*, em setembro de 1968, em Atlantic City, nos Estados Unidos. Com o objetivo de movimentação de liberdade das mulheres, este movimento feminino ficou conhecido com pelo *slogan* **"Queima de Sutiãs"**, em inglês *"Miss America protest"*.

Se houve a influência política no incentivo à revolução, em ambas as manifestações, às custas dos desejos e anseios de liberdade da mulher; há que se admitir a força e o bom atrevimento para a realização dos seus ideais, que foram alcançados e trouxeram resultados objetivos naquele tempo, o que prosperou para os tempos de hoje. A força e determinação do passado trouxeram o reflexo para o futuro, com os direitos indeléveis assegurados. As dificuldades não cessaram. No entanto, as controvérsias da força da mulher já não prevalecem, naturalmente é uma brava guerreira em todos os seus afazeres e em qualquer segmento. Na verdade, mesmo que às vezes ausente do que um dia quis e deixou para trás, o dom da manutenção do zelo pela família é indiscutível. Em casa, ao seu livre-arbítrio, é o esteio que tudo faz. No trabalho, a segurança com compostura e inteligência, sentada em uma ponta de uma mesa de reunião, é respeitada e admirada. Se não por isso, a certeza da falta de capacidade e orgulho desnecessários do sexo oposto, se não sabe, diferença não deve existir.

Referências:

Politize! Disponível em: <https://www.politize.com.br/>.

Wikipédia. Disponível em: <https://pt.m.wikipedia.org>.

A independência da mulher, fragilidade dos filhos

Buscamos a compreensão do título integral do livro *As 3 fases da vida com sucesso* para a abordagem da causa que tanto aflige o jovem destes tempos do século XXI, às custas da ausência e da independência da mulher, o filho na creche e escola cedo demais. Vejamos.

"Roubaram a minha infância - com a introdução na pré-escola da criança aos quatro anos de idade, roubaram sua infância, a suavidade da melhor idade infantil. Não houve êxito nessa transição, porque ocorre à revelia da vontade. Talvez, por isso, a forte exposição ao método lúdico, para compensar e equilibrar a educação infantil. A inclusão da criança na escola com pouca idade diminui o tempo dos sonhos, perdendo-se, assim, o melhor momento da infância. Isso traz consequências na adolescência e prejuízo na estabilidade emocional no futuro. Essa antecipação leva o aluno à conclusão dos estudos demasiadamente cedo. Com isso, o reforço, a manutenção da educação tradicional relativa aos costumes deve ser mantida, somada às novas necessidades, e a exposição dos métodos deve ser controlada passo a passo. Ao leitor da velha geração, volte seu pensamento para o passado e pergunte-se: '*o que eu estava fazendo com a idade dos meus filhos?'* A transformação e o tempo são inevitáveis, andam sempre juntos, porém não é certo destruir os encantos da infância de uma criança, o amadurecimento lento é justo, o aprendizado não. Esse estresse de que tanto se fala foi implantado, transferido pelos próprios educadores e pais, devido à modernização que isentou a responsabilidade. No Brasil, a Constituição de 1988 contribuiu e fortaleceu positivamente com o ingresso da mulher no mercado de trabalho, assim como os cônjuges. Como reflexo, os filhos ficam à mercê dos avós, secretárias ou educadores. Com isso, ocorre o aumento da isenção da responsabilidade sobre a educação. A distância dos pais em relação aos filhos resulta na rebeldia e na má-formação. O prejuízo está exposto, os cuidados na manutenção dos limites são indispensáveis para a boa educação e o aconchego familiar, do contrário, no futuro haverá dificuldade de enfrentar as frustrações com naturalidade.

Entretanto, os resultados são visíveis na diferença da determinação e objetividade do homem do século XX com relação ao homem do século XXI. A conservação da educação, moldada suavemente na transição deste século, restabelece os limites que se perderam. Admitimos não ser uma missão de fácil execução, porém um sonho, uma meta possível, se pretendida, a inclusão da criança na escola aos sete anos, como no saudoso, agora, passado. É de conhecimento dos ilustres educadores que os impérios se alternam ao longo dos séculos. A intenção, uma semente no solo ácido da educação, uma pitada dos costumes dos anos dourados, oportunizará a estabilidade no ensino escolar, proporcionando a esta geração do século XXI, no futuro, o mínimo de possibilidades na difícil concorrência do trabalho graduado e informal. Restabelecer o equilíbrio emocional, gerado por tantos desajustes dos maus intencionados ideológicos que profetizaram intencionalmente a desordem social, somada ao assistencialismo. Nessa ótica, o acompanhamento dos pais até os sete anos de idade de seus filhos seria a mola propulsora para a obtenção do sucesso almejado, levando à compreensão da necessidade de que o futuro depende, de maneira exclusiva, da regularidade em todas as fases. Desde o início, a seriedade na formação, por consequência, a possibilidade de êxito profissional no futuro.

Lugar de criança com a idade apropriada é na escola, ao contrário disso, o método lúdico sempre foi praticado em casa, a criança brincando descalça, correndo ao encontro natural do equilíbrio de suas necessidades intelectuais. Na floresta, os animais não são cerceados do aprendizado necessário para o seu desenvolvimento; ao lado de seus pais, a sua sobrevivência exige os próprios tropeços para adquirir segurança. Com a ida da criança cedo demais para a escola, descarrilou no que se vê, a insegurança, oportunizando o adolescente aos trinta anos em casa, a incompreensão dos pais. Inverteram-se os papéis. Na infância, saem cedo demais de casa para a escola, e, quando adultos, buscam o aconchego atemporal em casa."

Defendemos teoricamente na exposição do título *Roubaram a minha infância* a gravidade, com o enfraquecimento psíquico da criança, que pode ser provocado pela inclusão muito cedo na escola. Por consequência, a insegurança emocional pode refletir diretamente na atividade social, no relacionamento a dois e consigo mesmo.

Referência:

PIECZYKOLAN, Eder. **As 3 fases da vida com sucesso.** 2ª edição. São Paulo: Letras do Pensamento, 2021, 54p.

Sexo e maternidade

Aqui devemos considerar a individualidade, a cultura que envolve o momento sublime da maternidade. A emoção concentra-se na gestação, o desejo neste momento é exclusivo de felicidade, voltado para a realização da constituição familiar.

Entender o fato de que o sexo é animal e instintivo é admitir a irracionalidade humana nas relações sexuais. Neste momento, segundo diálogo com mães, essa premissa foge aos conceitos de irreverência e erotismo sexual, privilegia a serenidade da maternidade. O sexo acontece naturalmente, porém, no consciente, sabe-se que está grávida, um outro personagem que virá a fazer parte de tudo, uma família, uma nova realidade de responsabilidades. Situação que justifica o caminho da imparcialidade sexual. Porém, não reprimem o sexo, é suave e acolhedor, aconchega amorosamente o momento sublime da gravidez com erotismo, avesso à perversão sexual. No entanto, a liberdade e criatividade por meio da imaginação para a realização das fantasias que convêm eroticamente é livre. Se for capaz, soltam-se no mundo imaginário da satisfação plena da verdadeira sexualidade primitiva e erótica. Não é para todas, o ato sexual está envolvido em atitudes democráticas de escolhas e sem fronteiras entre você e seu parceiro.

Para o homem, houve relatos de submissão e parcimônia para com a mulher, como se ficasse à sua disposição, na compreensão do momento da gravidez. "Se você quer fazer sexo, eu também quero". Uma situação de inversão anterior à gravidez, a mulher é agradavelmente subjugada e submissa sexualmente por sua livre escolha. Na gravidez, tomam-se as rédeas, o controle da situação na cama. O homem, alheio ao sentimento exclusivo da mulher grávida, admite, aceita e agradece.

Assim, entre os sexos, cabe a aceitação da individualidade no comportamento deste momento ímpar, pois sabe-se que ter filho é o resultado do caminho tradicional, o amor supremo por meio do sexo, porém, primitivo.

Interferência política na família

Um assunto complexo, que foge aparentemente do objetivo principal deste livro, porém infelizmente a política mal conduzida contribuiu negativamente para desconstrução da educação dos filhos; por reflexo, fragiliza o casamento nas responsabilidades e com falsas perspectivas assistencialistas acaba por interferir na família.

Um assunto de relação interdependente, de difícil assimilação intelectual, mas que entendemos ser coerente com o conteúdo deste capítulo.

Há quem atribua naturalmente à concepção do casamento o sustento da família com o assistencialismo na manutenção dos filhos pelo governo. Acaba por sucumbir. Nestes novos tempos, na transição do século XX para o século XXI, a política planejada de esquerda desestruturou a família, por consequência, dá má educação. A introdução de método escolar pretensioso, com objetivo de contrariar a boa educação, trouxe o comprometimento, a alienação e o mau costume, contrário à velha e tradicional educação.

Com isso, a fragilidade por insegurança dessa narrativa contraria, desequilibra e desestrutura a família. Acomodam-se na ciranda das incertezas, tanto na educação quanto nas finanças e, por consequência, a falência dos sonhos ocorre nas realizações que planejaram. Não é justo! Com a falta de planejamento por deficiência social, ocorre o estresse e, por efeito, acaba por implicar o desinteresse sexual. Esse assunto está ligado diretamente às diferentes classes sociais. Encontramos na literatura fisiológica: "*O estresse também tem influência substancial nas funções reprodutoras. A função menstrual em mulheres e a produção de esperma em homens são comumente perdidas durante estresse físico ou psíquico prolongado*".

Uma demonstração de intervenção externa dentro do relacionamento faz sofrer e mata as expectativas antes sonhadas a dois, literalmente acaba por influenciar a vida sexual e pôr fim ao matrimonio ou união estável.

Referência:

BERNE, Robert M. **Fisiologia.** 5ª edição. Rio de Janeiro: Elsevier Editora Ltda, 2004, 888p.

Estabilidade emocional por infidelidade

A instabilidade emocional casual ou intencional, provocada por um dos parceiros em busca de relação extraconjugal, traz estabilidade ou instabilidade na satisfação sexual dentro do relacionamento monogâmico?

Muito observei, nos processos de separação judicial ou mesmo nas tratativas de conciliação após traumas por infidelidade, a separação definitiva ou a reconciliação reestruturada e apimentada sexualmente, inclusive. Na reconciliação, a diferença de natureza e comportamento entre os nubentes fará a diferença:

Um deles sendo seguro, altivo e vibrante.

O outro, de natureza pacífica, generoso(a) e conciliador(a).

O **primeiro** (vibrante), provido das atribuições de liberdade, normalmente é o causador da instabilidade emocional do outro. A característica é de inconformidade, não necessariamente com o parceiro(a) como pessoa, mas com a forma e as exigências que o relacionamento necessita. Às vezes casados por vinte, trinta ou quarenta anos, o apetite sexual não prospera. Por consequência, a insatisfação da performance sexual diante da condição de casado agoniza. A privacidade excessiva como se fosse liberdade vigiada não admite, mas se vale da segurança do relacionamento estável. A instabilidade emocional, por falta de apelo sexual, faz sofrer e o vibrante é incompreendido ferozmente. Nessa circunstância busca ou acontece naturalmente uma relação extraconjugal, por interesses distintos, afetivo ou casual. É de conhecimento que o conceito da tradição sexual no casamento normalmente prospera à revelia do sexualmente insatisfeito, não necessariamente o homem. Por isso, a infidelidade acontece.

Nas incertezas de separação ou de conciliação, prevalece não mais a altivez do galanteador vibrante e inconformado sexualmente. Acaba por prevalecer a sensatez e o equilíbrio do supostamente inseguro, mas generoso, traído, prevalece a razão e a superioridade emocional.

Contudo, às custas da infidelidade, surge o renascimento da atração sexual do casal, não na infinitude do horizonte vertical, mas na cama horizontal, no mundo imaginário que sustenta a relação sexual primitiva entre a transposição passageira da paixão, para manutenção do amor.

A despeito de tudo isso, a infidelidade não acontece só, um homem ou uma mulher foi a mola propulsora para a nova relação, em detrimento do relacionamento desgastado no casamento de longo tempo. Difícil a compreensão intelectual desta situação, foge aos valores comumente admitidos, visto como um indivíduo ímpio. Apesar da situação controvertida, a infidelidade traz ao "traído" a contribuição no despertar da nova vontade de relacionamento sexual em casa, talvez por admitir culpa inconsciente. O deslinde do caso trouxe à imaginação uma nova atração que faltava no relacionamento desgastado pelo tempo, agora não mais.

Dentro desta concepção vista como motivo de conciliação nos anais da experiência no campo da advocacia, pergunto: você agradeceria à terceira pessoa que contribuiu para a estabilidade sexual do seu relacionamento ou casamento?

A terceira pessoa, naquele momento, foi a mola propulsora envolvida para que acontecesse a infidelidade, porém pretendida pelo infiel casado. A única compreensão para essa generosidade, para essa resposta, talvez, você, ao contrário, a de não casado, ser o outro, que buscasse o mesmo que você, a felicidade por meio do sexo infiel com o seu parceiro, alheio à satisfação de relacionamento amoroso dentro do casamento em casa, com o seu marido ou a sua esposa. Quem que, por meio da infidelidade, contribuiu para a estabilidade e a manutenção da família, você agradeceria?

Conclui-se que o que você tem em casa é "objeto" de desejo lá fora. Cabem a você os cuidados mantenedores da imaginação para o folclore das artimanhas da vida sexual. Com o tempo, o corpo padece, a imaginação, como um relâmpago, não envelhece. A tentação anda diariamente por todos os lados, olhar não é pecado, salvo execução do ato sexual, caracterizado como a fonte do adultério.

Por isso, advirto, cuide do que você tem em casa. A falta da felicidade alheia também anda à espreita de novas oportunidades para a realização dos sonhos, do encontro da cara-metade. A terceira pessoa envolvida neste triângulo amoroso assimétrico contribuiu com o deslinde da traição ao se relacionar com o homem ou com a mulher casada. De certa forma, este exemplo verídico, direta ou indiretamente, trouxe alegria para o novo enlace sexual caseiro e satisfatório. Por isso, não devemos atribuir culpa? Sim ou não? A leveza da sensibilidade não é única e certamente é individual, a tentação pode prevalecer definitivamente, ganhar o jogo da sedução e o risco de não haver uma nova reconciliação, prevalecer a separação.

Com isso, verificamos duas situações distintas no contexto desarmônico da ciranda da infidelidade, a consequência pessimista e outra otimista.

Na **pessimista**, a realidade do desinteresse sexual em casa, a certeza da baixa autoestima na circunferência não apenas do ato de fazer sexo, mas gerador da insatisfação em todos os segmentos do cotidiano, a vida sem graça, sem brilho de ambos. Observa-se nas pessoas com alto apetite sexual insatisfação pela falta de sexo satisfatório. As consequências são visíveis no semblante do insatisfeito por diversas maneiras e se manifestam na falta de cuidados para consigo mesmo. Vejamos: o relacionamento de muitos anos que traz a discussão da "intimidade" absoluta por ação do tempo é favorável ou desfavorável? Devemos ainda considerar a responsabilidade nos cuidados e educação dos filhos; a má alimentação que leva à obesidade; a falta de amor próprio; insônia; o envelhecimento natural, porém ativo sexualmente. Várias são as situações de desconforto que provocam a baixa autoestima, a libido e leva à infidelidade.

Na **otimista,** apesar da insatisfação sexual em casa, que se locupleta por via da infidelidade, independentemente da correção de sua prática, observa-se a autoestima de maneira positiva. Apesar da instabilidade, a vulnerabilidade que aflige o relacionamento pela insatisfação sexual. Por outro lado, um viés de aconchego e complemento que leva aos cuidados mínimos de satisfação consigo. É o contrário da consequência pessimista, a otimista traz o benefício em alguns sentidos, o sexo é egoísta. Mesmo assim, por reflexo da infidelidade, a boa sexualidade ativa se manifesta. De maneira não irônica, com a generosidade da outra parte, a prosperidade da família prevalece, a vida segue.

Valorizar os enigmas e mistérios da pessoa que está ao seu lado é uma questão de ótica que se perdeu com o tempo e ficou no acaso dos descuidos, talvez de ambos. A sua esposa, o seu esposo é a mesma pessoa dos sonhos sonhados nos tempos de antes do casamento. Vai despertar a imaginação, a provocação, a ousadia sexual que está em você. Com isso, acende a chama das vontades da sua própria imaginação, sexo é o imaginário do seu próprio atrevimento, ouse.

Essa escrita está longe dos conceitos da psicologia e da religiosidade, salvo coincidência teórica por conhecimento empírico ou profissional. Ainda, a consciência dá busca da satisfação por meio do ego individual, carnal, que gera conflito no seio da família. Essa visão de comportamento carnal acaba por deixar de lado a consciência espiritual. O prazer sexual desejado extraconjugal traz conflito existencial ou alheio por motivos desconhecidos ou por mera crise da segunda ou terceira idade.

Ao contrário dessas circunstâncias, o desejo extraconjugal com pouco tempo de casados, recém-casados ou de relacionamento, a situação é outra. Se aconteceu por equívoco de escolha da sua cara-metade, aceitar a infidelidade não justifica ou fica a critério da aceitação individual. É justa a tentativa de restabelecimento, mas não a falta de interesse sexual, são recém-casados. Contudo, é na consciência da estabilidade que está a segurança do início da nova família.

Influência cultural na relação

O homem é o personagem alvo no desmerecimento da diversidade cultural, o expectador alvo em função dos dogmas das diferenças culturais no Brasil. Observamos a influência cultural negativa nas relações. Não há como alegar desconhecimento, não há preconceito algum, é uma realidade que se vê, as estatísticas comprovam.

A primeira hipótese ou teoria, admitamos que as **diferenças culturais** estejam ligadas diretamente à religiosidade, crendice, folclore, ao clima que implica nas vestimentas; à comida e à música regional. Mesmo assim, com a aparência de boa sonoridade, as estatísticas não deixam negar os fatos e acontecimentos que entristecem a sociedade. A "***priori***" essa diferença cultural, aparentemente, não é o agente que justifica o desequilíbrio dos relacionamentos, ao contrário, o desejo sexual incontido e instintivo não tem olhos para as diferenças culturais, a relação acontece entre a enorme miscigenação encontrada, é natural e prazeroso.

A situação da diversidade cultural é fato, não é fantasia, não é ficção. O Brasil abriga as mais diferentes culturas; a imigração desde o início pelos Portugueses, uma salada mista ao sabor de todos os povos e lugares.

Por isso, a razoabilidade da compreensão dos acontecimentos, as **diferentes culturas** seriam sim responsáveis pelas diferenças sociais, que geram desiquilíbrio, por consequência a separação de casais?

A segunda hipótese ou teoria, questionamos se a miscigenação seria a razão do alto índice de separação, por culpa da **relação sexual,** o desconcerto pela falta de aceitação da poligamia no Brasil, aceita na origem de outros povos. A hereditariedade das raízes de sua origem implicaria na insatisfação, a diferença nos costumes, em detrimento à restrição vigiada por lei no Brasil.

É de conhecimento que essa confluência, somada à diversidade cultural, gera insatisfação e por essa circunstância, geraria traição conjugal. Por isso, inconformado, o homem ou a mulher resigna-se e pede um *drink*: um *whisky*, uma *vodka,* um vinho, um saquê, um Arak, uma cerveja ou uma cachaça para suavizar o calor da alma, por desilusão destas diferenças que implicam na separação.

O alto índice de separação seria reflexo dessa diversidade cultural, por **culpa da relação sexual**? Um caminho árduo e de difícil visualização desta situação emblemática.

Esta questão enfática obviamente não justifica a polaridade de relação sexual em caráter de libertinagem entre as pessoas casadas ou não, de qualquer etnia, o fato é o alto número de separações e/ou o adultério. Tudo ilustra a imaginação da possibilidade favorável e/ou desfavorável entre as diferenças de costumes. Por isso, o assunto é velado às sete chaves na sociedade, é pragmático. Observa-se de canto de olho a dificuldade em resignar-se, prova disso é o peso da lei na proteção do casamento e por consequência da manutenção da família intacta, sob o olhar descuidado da realidade do mundo supostamente obsceno.

De maneira interna, regional, temos a ótica do êxodo do Sul do país, nas décadas de 1960/1980, em busca de terras fartas para produção, especificamente para os Estados do Centro-Oeste e, em busca de trabalho e melhor condição de vida, do Nordeste para o Sudoeste do país. A grande **migração** se deu em busca de prosperidade, sem limites, a realização financeira em primeiro lugar. A aparência é colocada na moldura do quadro principal, alheio às consequências, o "ter" acima de tudo. Esquecem-se os princípios básicos da serenidade da sua origem, talvez fosse essa a causa, prevalecendo o orgulho e a aparência acima de tudo, e deixa de "ser" original.

Vejamos, se houve a migração em função de prosperidade, é sabido que nem tudo que reluz é ouro, ninguém sai para ser infeliz. Ocorrendo a frustração financeira pretendida, outrora ao contrário do que se pensava no passado, a razão da lesão traz a decepção. Com isso, torna-se insensível e inconsciente das responsabilidades na constituição da família.

A consequência de tudo seria, por intervenção da natureza, o clima, as drogas que alucinam, orgulho, aspecto financeiro, a qualidade da água calcária, o excesso de testosterona do homem ou a própria diferença cultural, que por isso não mede as consequências?

Nestas possibilidades com ou sem justa causa, com a diversidade surgem atualmente novos relacionamentos entre pessoas de lugares de extrema diferença cultural e social. Nas circunstâncias de favorecimento no passado, em busca de melhor qualidade de vida, acaba por acontecer o encontro e desencontro, o sexo acontece, a união prevalece. As culturas obviamente são diferentes, no **Sul** por exemplo, devido ao clima, não há o hábito e os festejos dos benefícios do verão como no **Nordeste** brasileiro.

Estas considerações levam ao entendimento da dificuldade no relacionamento, a união de sexos opostos, que imigraram, migraram para o mesmo lugar, geram filhos, e por consequência a separação geram problema social.

Por isso, o entendimento da diferença cultural intervir abruptamente nas relações de casais de culturas diferentes, as sementes germinam, crescem e dão frutos. Observem, os casamentos duradouros são de casais da mesma cultura, da mesma região, onde os pais, as famílias se conhecem e mantêm-se na mesma cultura, na mesma tradição de maneira geral, salvo exceções. Somos biologicamente iguais, somos individuais com relação aos costumes e valores, por isso o reflexo negativo e positivo do ponto de vista de cada um de nós.

A resposta, por reflexo destas considerações, à pergunta se existe consequência da diferença cultural no relacionamento sexual? Entendemos que no ato da relação sexual entre as diferenças de cultura **não** há consequência, ao contrário, desperta a libido, salvo a gravidez indesejada.

Considerando a graciosidade de todas as culturas, o entendimento destas situações antagônicas, o risco do sexo pretensioso que não observa estatísticas e muito menos a etnia, acaba por trazer consequência na estrutura familiar, faz sofrer e gera problemas socias.

Referências:

Correio do Estado, 30/09/22. Número 21.918, folha 6.

https://mundoeducação.uol.com.br

https://brasilescola.uol.com.br

A intimidade é a razão do sexo duradouro

O *best-seller* internacional *Sexo no cativeiro*, de Esther Perel, chama a atenção para o ponto alto do livro, desafia a instituição do casamento sem sexo. Trata de situações diversas de seus pacientes em sessões terapêuticas focadas exclusivamente na dificuldade da relação sexual de casais. A evolução sexual negativa no decorrer do tempo dentro do casamento, por consequência das dificuldades na educação do seu personagem, por traumas na infância, por desajustes de seus pais, gera deficiência afetiva e dependência da mulher. Resulta no aprisionamento na relação de casado em consequência do desaconchego desde a infância, porém ressalta não ser um pré-requisito. Afirma que *"É comum que os problemas com o sexo decorram de falta de intimidade, [...] mas minha tese é que talvez a forma como construímos a intimidade reduza o sentimento de liberdade e autonomia necessária ao prazer sexual. Quando a intimidade se transforma em fusão, não é a falta, mas o excesso de proximidade que impede o desejo. O amor se baseia em dois pilares: entrega e autonomia. Nossa necessidade de união coexiste com a nossa necessidade de distanciamento. Uma não existe sem a outra. Com o excesso de distância, não pode haver ligação, mas o excesso de união elimina a independência. Então, nada mais resta transcen-*

der, não há ponte para se atravessar, ninguém para visitar do outro lado, nenhum outro mundo interno onde entrar. Quando as pessoas se fundem, quando dois viram um, a ligação é impossível. Não há com quem estabelecê-la. Assim, o distanciamento é uma condição para a ligação. Esse é o paradoxo essencial da intimidade sexual".

Além do enunciado anterior, alguns trechos que justificam as causas dos desajustes na relação, segundo a autora:

"Uma dança em que o sexo prazeroso os aproxima, mas essa mesma proximidade pode tornar o sexo difícil outra vez."

"Quanto mais gosta dela, menos livre é seu desejo por ela."

"E por quê? Qual é o bloqueio que impede de buscar prazer... com a mulher com quem ele estava num paraíso langoroso ainda pouco tempo?"

"Ao se privarem da liberdade e da espontaneidade que o erotismo exige, muitos sentem que a intimidade aprisiona."

O título do livro – *Sexo no cativeiro* – admite que o aprisionamento mata ou inibe o desejo. Observamos no conteúdo as dificuldades na educação do seu personagem, por trauma na infância como consequência de necessidades afetivas da mãe. Por estes motivos, entendemos não haver razão exclusiva para generalizar que a intimidade afetiva negativa do passado pode trazer a falência da relação sexual dentro do casamento, como regra.

Deve considerar que o amadurecimento do relacionamento traz acomodação com relação à intensidade sexual do início. O cotidiano, as dificuldades do relacionamento a dois devem ser naturalmente aceitos, fazem parte da relação dentro casamento. É o estresse que traz a dificuldade da relação sexual. A vida de casado segue com as responsabilidades inerentes ao que se pretende: o trabalho; ter filhos; o sonho da estabilidade financeira; as despesas decorrentes de tudo que se pretende. Para isso, pergunta-se se houve planejamento para a realização dos sonhos de casados. É condição *sine qua non* ter consciência da boa formação um do outro porque, no futuro, em eventuais situações de desavença, a reação não lhe trará desconforto. Por isso é importante o conhecimento antecipado, no namoro se aprende a observar antes as reações e, por via de experiências alheias, de canto de olho, as experiências do casamento de terceiros, os problemas são sempre quase iguais. Em especial, a realização no trabalho a contento da manutenção da família, suavemente isto deve ser levado em consideração. Não acontecendo a observação desses detalhes, o estresse afetará diretamente o relacionamento sexual do casal atribulado, por inobservância.

Por isso, considerando a individualidade de situações psicossomáticas de cada enfermidade, não pretendemos discordar da nobre escritora, mas ilustrar que, com os problemas advindos de traumas de família no passado, é possível fortalecer a intimidade em benefício da relação sexual entre casais casados. Ainda, considerar que, entre tantas situações de desconforto sexual, podemos destacar, em especial, uma que muito contribui negativamente, além das outras anteriormente citadas, quando as despesas para sobrevivência entram pela porta, os traumas e as incertezas se manifestam, o amor foge pela janela.

Devemos considerar que o desejo sexual é instintivo e deve ser provocado, deve sobrepor as amenidades do dia a dia e prevalecer a relação, o ato sexual. Considerar que a intimidade, ao contrário do que alega a escritora no caso específico, é a mola propulsora para a manutenção do relacionamento sexual. Correto quando afirma que é por meio da forma que se constrói a intimidade que obtém bom resultado, quando diz: *"mas minha tese é que talvez a forma como construímos a intimidade reduza o sentimento de liberdade e autonomia necessária ao prazer sexual"*. Sim, a forma da construção da **"intimidade"** que alega é fundamental, basta o entendimento de saber separar os traumas, o ciúme, as dificuldades do cotidiano e reconhecer as vontades do início que levaram à união. Possivelmente entre tantos adjetivos positivos, foi a certeza do encontro do prazer sexual, somada ao amor entre ambos, que sacramentou a união. O amor e o sexo são distintos.

Com o amadurecimento da relação, é necessária a aceitação de saber diferenciar as causas geradoras do estresse, que distancia o prazer sexual, e fere a intimidade, por consequência, desconstrói o amor.

Com relação à **"autonomia"** necessária ao prazer sexual, entendemos não estar no excesso de intimidade, a relação é distinta. A autonomia está acima da intimidade, se considerar que o sexo é egoísta, ele é autônomo.

O casamento chega ao fim não só por desajustes de incompatibilidade ou falta de intimidade ou por falta de autonomia sexual, chega também por consequência do desgaste do relacionamento por inteiro. A superação e entendimento estão na compreensão do distanciamento ser necessário para o bom relacionamento. Quando alega a escritora a dificuldade da não aceitação do distanciamento, sabe-se que na verdade se cria uma barreira positiva na relação íntima. Dentro deste conceito, atribuímos a necessidade da aceitação do distanciamento, que por outro lado gera autonomia, via a liberdade da natureza do outro. Isso certamente vai privilegiar a intimidade com autonomia para o desempenho sexual.

O imaginário do ser humano não tem limites, a manutenção do relacionamento a dois sem sexo é de difícil compreensão. Suportar às custas da psicoterapia é querer fazer uma reação química com adereços neutros e incompatíveis. A aceitação pacífica da natureza individual, a intimidade longínqua, irá também transmitir paz e serenidade, desde que aceita a fórmula química das indiferenças da sede e do gosto de cada um. O êxtase acontece, o endeusamento do sexo agradece.

Neste ponto, há que saber distinguir o estresse natural do relacionamento devido às atribulações, às custas do que pretendem, das realizações e condições, por exemplo: a educação dos filhos ou o sonho de projetos inatingíveis, que fatalmente contribuirão com o desgaste definitivo do relacionamento. Ir além das possibilidades, por ganância ou mera vontade de realização, é ir de encontro com a incompatibilidade sexual, não por falta de desejo, mas por estresse e incompreensão da vontade do outro. Aqui, talvez, é onde ocorra o que alega a vulnerabilidade sexual, quando afirma: *"uma dança em que o sexo prazeroso os aproxima, mas essa mesma proximidade pode tornar o sexo difícil outra vez"*. Exatamente o que ocorre, a vulnerabilidade do que acontece oscila o relacionamento sexual, misturam-se os desejos de realização com o prazer do ato sexual, fazendo com que a mola propulsora da sustentação do relacionamento, o ato sexual, não suporte. Não observadas estas condições, estará ocorrendo um dos fatores que leva à ruptura definitiva do relacionamento. Aqui está o termo definitivo para o desequilíbrio da relação, não o excesso de intimidade que alega a escritora, mas a incompatibilidade gerada devido aos desajustes não prevenidos por falta de planejamento e escolha. Acaba por pagar a conta, com os sonhos antes vividos na boa relação sexual. Por isso, é fundamental ter o conhecimento e a sensibilidade da distinção da vida a dois com relação às pretensões não calculadas anteriormente. Entre tantas mudanças da vida de solteiro para a vida de casado, saber, por exemplo, do verdadeiro dom para a paternidade, para a maternidade ou até mesmo o sonho de realização material entre ambos, por necessidade, orgulho ou ganância, que geram pensamentos distintos entre o casal, que fazem nascer a terrível incompatibilidade.

Devemos entender a vida a dois como se fosse uma balança do Direito, que propõe a justiça do comportamento correto e do equilíbrio. No casamento, a distinção das consequências das vontades que se buscam por meio das escolhas deve ter igualmente, no mínimo, a proximidade do equilíbrio, as mesmas intenções e o conhecimento de se ter a mesma sede. Com isso, talvez esteja justificado o bloqueio que alega, quando diz: "*Quanto mais gosta dela, menos livre é seu desejo por ela. [...] E por quê? Qual é o bloqueio que impede de buscar prazer [...] com a mulher com quem ele estava num paraíso langoroso ainda pouco tempo?*"

Contudo, o sexo deve ser compreendido como um brinde entre os acertos e os erros causados pelas nossas próprias vontades, nem tudo se realiza, nem tudo é perfeito, o desequilíbrio acontece e se conquista outra vez. Porém, o sexo deve ser interpretado distante dos acontecimentos, ele vai além da racionalidade humana. Os animais, pelo menos com relação ao sexo, supostamente não raciocinam, pelo forte desejo simplesmente executam. Na incerteza da intimidade que afasta o sexo, o que alega a escritora, entendemos que a intimidade vai contribuir para o relaxamento, um divisor das águas, a compreensão da individualidade e admitir a liberdade.

O relacionamento de casado não deve aprisionar, deve prevalecer a liberdade. Afirma a escritora: "*Ao se privarem da liberdade e da espontaneidade que o erotismo exige, muitos sentem que a intimidade aprisiona*". Nesta afirmativa acontece a diferença de entendimento com relação à intimidade. Acerta quando admite que é por meio da liberdade e da espontaneidade que o erotismo exige e comete o equívoco quando diz que a intimidade aprisiona, exceto na terapia específica.

Entendemos que a intimidade é a razão fundamental para que haja a liberdade. Sem liberdade não há felicidade, sem felicidade por meio da intimidade não ocorre espontaneamente a relação sexual. O sexo é um ato de egoísmo, não se tem orgasmo pelo outro, a sensação é individual por intermédio do outro, por isso é chamado de relação sexual. Entender que, se houver a carícia por meio da intimidade decorrente da liberdade, com o imaginário infinito que existe, com a finalidade do orgasmo, por meio do toque com erotismo, o sexo acontecerá facilmente e por instinto. Somadas à intimidade com a liberdade, as estrelas do prazer sexual surgirão onde ou em qualquer lugar que estiverem, humildemente admitindo os desejos de felicidade e sexo.

Referência:

PEREL, Esther. **Sexo no cativeiro**. 1ª edição. Rio de Janeiro: Objetiva, 2018.

Sexo por sexo

Considerando as atribulações da vida, as dificuldades de entendimento por todos os tempos, talvez, junto aos mistérios da intimidade, sejam a razão do sexo duradouro. O ato sexual como se fosse a única razão da união, além da manifestação do resultado do amor, condição fisiológica instintiva para que haja a continuidade da espécie ou ainda apenas pelo prazer, seriam estas as razões? A melhor compreensão da intimidade está na relação entre o espaço e o tempo de cada um de nós dentro do relacionamento de solteiro, casado ou viúvo. A resposta para a importância da intimidade que contribui ou não na relação sexual, independe de estar casado ou não, o desejo prevalece independentemente. O fogo do desejo sexual em qualquer tempo, mesmo com o **avançar da idade**, cada um dentro da sua essência, o instinto sempre prevalecerá. Afinal, deseja-se relação sexual mesmo quando se é solteiro ou viúvo. O imaginário como instinto selvagem prevalece independentemente. A intimidade é relativa para estas duas situações, estar casado ou não é fator determinante de que em qualquer tempo de casado, solteiro ou viúvo a vontade de sexo prevalece. Querer romantizar a relação sexual parece-me utopia. Fazer sexo com quem se deseja verdadeiramente é bom, fazer sexo com quem se ama é sublime, sexo por amor. Ao contrário de sexo por sexo.

Um exemplo verídico do avô materno. As diversas situações de vontade sexual dentro ou fora da relação de casado distinguem-se da intimidade do casamento e fortalecem o instinto nas aventuras do prazer do sexo, certo ou errado. Ele era assim: o senhor Aurino Fermiano Vieira (1914-2002), viúvo, aos 88 anos, no hospital, no leito de sua morte, não resistiu aos encantos da bela enfermeira, trajada tradicionalmente de vestido branco. Nas suas atribuições, ao lado do seu paciente, foi elogiada alegremente, pela beleza das curvas do seu corpo. A situação foi constrangedora para a família, mas não uma surpresa, "vô" Aurino era maravilhosamente terrível, amava as mulheres. A manifestação do desejo sexual e do entendimento da vontade de relação entre o espaço e tempo de uma pessoa, dentro da sua individualidade, independentemente da idade; a vontade é instintiva, prevalece independentemente de intimidade na relação ocasional. Neste exemplo, ao ser questionado pelo filho, Roberto Vieira, sobre o evento constrangedor, os desvaneios da vida e a rigidez na educação de seus filhos, respondeu tranquilamente não ter resistido à beleza da enfermeira. Com relação à educação rígida dos filhos, disse, todos serem honestos e trabalhadores, não havia arrependimento algum. Com olhar sereno, consciente da brevidade da vida, como se dissesse que se nascesse outra vez, faria tudo igual. Faleceu dias depois do ocorrido, feliz.

"O sexo é uma das nove razões pelas quais eu gostaria de reencarnar. As outras oito são irrelevantes."

George Burns

Meu casamento deu certo - Projetos

A consciência da realização dentro do casamento por anos, as expectativas da ânsia do sexo ao sabor dos desejos incontidos, filhos, tudo atrelado à satisfação profissional, ficam moderadamente para trás. Não muito distante, como se fosse ontem, mas hoje já somos avós ou não. A jovialidade da mente não se apaga. Ser avós, há satisfação na alegria de se estar junto, não há obrigação. Na mente, o sentimento de realização plena, por isso, questiona-se onde estão os novos caminhos, por onde devo trilhar as expectativas de uma nova vida a dois? Devo sonhar com novos projetos? Para essa resposta vamos buscar na obra *As 3 fases da vida com sucesso* uma nova missão, saber aproveitar o tempo, casados.

"O benefício da riqueza não anda sozinho, deve andar de mãos dadas com a sabedoria em aproveitar o tempo a seu favor, sem culpa. Uma nova conquista, fechar com chave de ouro a sua caminhada vitoriosa que ficou para trás... É justa a nova independência, agora sobre o tempo. Por que eu deveria me preocupar com o tempo? Uma gestão que traz benefícios em todas as fases da vida, saber aproveitar o tempo, uma verdadeira maratona para tudo que se pretende. Neste momento não é diferente, um novo aprendizado, há que se recorrer para essa satisfação de melhor usufruir o tempo. No passado, o interesse em aproveitar ao máximo o tempo com relação ao custo-benefício na atividade financeira (manutenção da família). Aqui, não muito diferente, aproveitar ao máximo esse mesmo tempo para fazer tudo que lhe traga satisfação e prazer na vida. Por mais que pense não estar fazendo nada, entenda que a fase de produção (filhos) já passou e, agora, no privilégio do ócio criativo, há que se conquistar com sabedoria o novo. Portanto, mesmo que não se faça nada, faz-se alguma coisa. Simplesmente descansar e se agarrar às aventuras da imaginação. Neste momento, surge uma nova questão, como antes... Uma nova aventura pelo caminho, o dom há que prevalecer para essa nova escolha prazerosa, que lhe trará benefícios inimagináveis. Dos prazeres também se colhem bons frutos. Devemos considerar os dizeres de Sócrates: '*Só sei que nada sei*'. Mesmo assim, arrisco alguns exemplos de que podemos descobrir e desenvolver bons costumes para saudar a arte de se fazer nada, fazendo muitas coisas:

• Viajar – Cada um de nós possui curiosidade sobre algum assunto em específico, uma vontade secundária. Por exemplo: sobre a história, geografia, natureza, enfim, uma infinidade de modalidades de prazeres por se descobrir viajando.

• Ler – Na leitura encontramos o exercício físico-mental, e traz conhecimento, a chamada cultura. Chegando ao ponto da independência financeira ou não, sempre há muito a aprender. A curiosidade em resolver as indagações sobre a vida, a história das civilizações. Na geografia, os mistérios da natureza vegetal e animal. Na astronomia, o universo misterioso celestial. Uma universidade de aprendizado ao seu dispor.

• Escrever – Mergulhar no mundo infinito da sua imaginação, da curiosidade única à imensidão do universo. Há muito para se escrever, os pensamentos não têm fronteiras.

• Exercício físico – Escolha uma atividade que lhe dê prazer e que certamente contribuirá com a saúde. Somos como uma torre vertical, o fortalecimento da estrutura é fundamental.

• Pescar – Grandes empresários amam a pesca, bem provável que irá encontrar você mesmo na feição de um velho e simples pescador, feliz e realizado, sem traumas, sem estresse.

• Amigos verdadeiros trazem alegria e envaidecem o coração. Existem milhares de bares espalhados mundo afora, viva a vida descontraído.

• Filantropia – Praticar a filantropia, objetiva e subjetiva. Tema amplamente discutido no título *Filantropia*, pertinente na fase do 'Bônus'.

• Enfim, muito por se fazer. Uma nova atividade o aguarda, esteja certo de que, além da profissão que o trouxe a esta condição de satisfação... Há muito por descobrir sobre o seu novo talento, com relação ao seu tempo... Há que se considerar que essa situação de privilegiado é uma condição ímpar e diferenciada para usufruir... Tudo contribui de maneira positiva, boa idade, menos esforço, não há que desmerecer esta oportunidade que gera satisfação e alegria: menos estresse, inventar, criar oportunidades de situações de entusiasmo, menos atritos, mais tempo livre, menos desperdício, mais tempo para estar onde pretende. O mundo ao seu dispor. Acredite no seu sonho, este é o momento, a vida é finita, levar em consideração estes simples exemplos trará a consciência para essa realização nesse novo futuro, com tempo exclusivo para você. Não atender a esta verdade é desmerecer a própria dignidade. A pura e inevitável realidade se resume em três situações distintas e sem qualquer alternativa de apelação: nascer, viver e morrer. Nascer bem, viver bem e morrer bem, um sonho valioso, considerando as adversidades da vida, isso acaba por ser bom. Para outros, não é tão simples assim, não basta nascer, viver, morrer, vai-se além, a caminho da evolução espiritual. No entanto, a tentativa de trazer uma opção mais otimista. Procurar levar uma ótica de realização mais suave e colorida e menos dolorida... Não acreditar nas benesses da vida, infelizmente, é como um ser cego, privado de ver a beleza da luz em um dia ensolarado. Mesmo assim, esteja certo de que um cego tem a sensibilidade real do valor da vida. Por fim, não resista a esta consequência natural e inevitável, observe o que fez e deixou para trás, presenteie-se com o tempo único e exclusivo para você.

Para todos os atrevimentos e projetos na vida de casados, lembre-se de que o maior dos sabores do relacionamento está na compreensão do diálogo permanente. Case-se, esteja junto sempre com quem verdadeiramente goste de conversar, com boas ideias, o conhecimento traz boas discussões. A beleza não resiste ao tempo, o corpo padece, a memória prevalece, agrega e mantém todas as belezas que ficaram para trás."

Referência:

PIECZYKOLAN, Eder. **As 3 fases da vida com sucesso**. 2ª edição. São Paulo: Letras do Pensamento, 2021. fls 226/231.

Meu casamento não deu certo

Nessa viagem no tempo chamada vida, devemos aproveitar ao máximo, desde o antes, o durante e o depois do casamento. Foram assim misteriosamente designados, um a um, ao seu tempo, sem saber ao certo o porquê e desde o início aonde deveriam chegar. Se houve acerto do casamento ou não, não importa, fazer o quê? É passado. Não há culpa, nunca houve certeza alguma, apenas os caminhos sinuosos da expectativa que nos levam, de um jeito ou de outro, em busca da felicidade plena. Devemos acreditar nisso! Contentar-se positivamente com os delírios do antes, brindar as incertezas do durante que também já passou, ficar na insegurança do depois do casamento por mera casualidade do destino não é justo.

Relatos pessoais e verídicos trazem a singularidade de situações de separações judiciais e de relacionamentos estáveis. As fases da vida são extremamente objetivas, agir com subjetividade vai fazer sofrer. As separações acontecem em todas as fases, em todas as classes sociais, sem distinção. A ilusão do acerto da má escolha não deixa alternativa do risco desse desenlace, que acabou por acontecer. Ocorrem em todas as idades e em qualquer tempo da união, não há regra, não há exceção com relação ao momento em que pode acontecer a ruptura. Um exemplo de separação da vida real, a expectativa é de exemplificar a falta de motivo, simplesmente aconteceu.

A decepção de **João**, aos 60 anos, família constituída, agora com cinco filhas, todas com formação universitária. Narrou seus sentimentos de frustração sobre a sua separação, que em determinado dia, às vésperas do mês de Natal, no café da manhã, sua bela esposa, aos 55 anos de idade, **Maria**, dirigiu-lhe a palavra, após um cumprimento acolhedor de bom dia, em seguida, o que jamais imaginaria ouvir de sua querida e amada esposa: o pedido de separação. Incrédulo, **João**, decepcionado, perguntou-lhe, com a voz trêmula, qual seria a razão para essa atitude depois de 25 anos de casados, que era feliz e havia dedicado toda sua vida para a família. Responde-lhe **Maria**, com calma, que simplesmente tudo havia passado, que não o amava e iria se mudar da bela casa em que residiam, para um apartamento pequeno por ser mais seguro e viver só. Sem chão, na expectativa de reverter e procurar entender o que estava acontecendo, argumentou que o estresse, devido à pandemia da Covid-19 que assola todo o mundo, trouxe a insatisfação e insegurança, talvez fosse a razão de sua desesperança. Não houve argumentos, desculpou-se carinhosamente, disse-lhe que não o amava mais e, mesmo assim, daria a sua vida por ele, que foi o homem de sua vida. Reiterou, não o amava como homem e sim como o pai de suas cinco filhas. Separaram-se e foi morar em um pequeno apartamento.

Todos os casais perdidos na imensidão do espaço, por terra ou pelos oceanos, mesmo que sinalizados pela boa postura ou receita da boa convivência estão sujeitos a separação. Mesmo assim, resta uma luz distante que ilumina todos os caminhos, sem exceção, um único ponto em busca do porto seguro para a felicidade.

Na decisão de separação entre homem e mulher, é mais fácil um elefante passar pelo orifício de uma agulha do que ver uma mulher voltar atrás, passar por cima dos seus sentimentos, que já não existem mais, e se manter asfixiada no relacionamento que não deseja, é difícil. Por 26 anos de prática no exercício da advocacia, nunca presenciei uma mulher se redimir e voltar atrás. Ao contrário, os homens são flexíveis à continuidade do casamento. A posição sempre definitiva da mulher, resoluta, verdadeira consigo mesma, na sua vida não admite o tempo cinza, branco é branco e preto é preto. Talvez aqui, a justificativa da idade média de vida da mulher ser bem superior à do homem. Engasgar-se contrariando a sua própria vontade, bem para a saúde não deve fazer. O homem se engana no comodismo, pensa levar vantagens nas decisões do presente e perde no futuro. A mulher, talvez subjugada no passado, é vitoriosa no presente. Por isso, teoricamente, a idade média do homem é de 73,1 anos e a da mulher 80,1 anos, em 2019, segundo fonte segura do Instituto Brasileiro de Geografia e Estatística.

Cabe ao homem refletir que a mulher está ao seu lado porque quer e em nome do amor, salvo exceções, o interesse do bem-estar, às custas do dinheiro. Com os descuidos e imperfeições, no amanhã, ao abrir os olhos, ter a certeza de que a outra parte, a sua cara-metade, partiu, fará você sofrer. No balanço do relacionamento, por analogia, é como uma planta, devemos ter os cuidados necessários para mantê-la bela e frondosa. Assim, no casamento, os cuidados diários são necessários para mantê-lo altivo e harmônico. Caso contrário, o risco de abalo é certo, como a pequena e sensível planta, murcha e morre.

Referência:

Agência IBGE Notícias. Disponível em: <https://agenciadenoticias.ibge.gov.br>.

Ilusão

Lembre-se que só se vive uma vez. Nos caminhos da vida corrida, deve-se observar, como se fosse uma receita de bolo ou coisa qualquer. O tempo é medido, deve ser minimamente observado passo a passo. Os preparos, se levados ao calor excessivo, queimam e geram frustração. Assim é a vida, como relâmpago, aos descuidados, a ilusão desmedida vai fazer sofrer.

Um exemplo de real ilusão. No verão de 1984, **Agatha** estava em busca dos seus sonhos por ilusão. A jovem colocaria em xeque a vida, os sonhos sonhados nas passarelas da fama, o prelúdio do fim. De beleza estonteante, a vida dividida entre os estudos e a carreira promissora de manequim nos grandes centros do Brasil, era o seu desejo. Não houve limite, ousou. Tudo abandonou e foi atrás do sonho da ilusão, as passarelas. Mesmo na incompreensão da insegurança da carreira profissional, prosperou, arriscou-se, preferiu a ilusão e preteriu os estudos e foi definitivamente ao encontro, no seu pensamento, das calçadas da fama de New York. A vida, com o tempo, levou os seus encantos de volta para as calçadas da sua cidade, com desequilíbrio da relação pessoal e financeira. Os sonhos ardentes no suor, não mais no calor do amor que deixou para trás, mas também os prazeres da fama, perderam-se pelos caminhos. Arriscou-se, viveu o *glamour* que a beleza facilita quando jovem, esqueceu a relação do tempo, que tudo passa. No caminho, constituiu família. O casamento não suportou, hoje, cometida por estresse, família desestruturada, sem condições financeiras, agoniza nas lembranças de tudo que ficou para trás, o amor e as passarelas.

Adultério

A definição de adultério tem a sua característica exclusiva para uma ação cometida dentro do relacionamento do casamento efetivo ou da união estável, ligada diretamente na quebra da fidelidade conjugal pelo homem ou pela mulher, por meio do ato sexual extraconjugal. A princípio, a infidelidade não está necessariamente ligada apenas à quebra da rotina do ato sexual entre o casal. Às vezes, além da traição, acontece a cobiça da mulher alheia, podendo levar a consequências trágicas. Um exemplo clássico no Império Romano, o imperador Herodes Antipas, incomodado com a beleza de sua cunhada Herodias, tomou-a para si como esposa. Ela, por vaidade e desejo de ser rainha, não hesitou, abandonou seu esposo, irmão de Herodes Antipas. Com o tempo, se não bastasse, no dia do seu aniversário, por desejo sexual pela bela sobrinha Salomé, de presente, disse-lhe que fizesse qualquer pedido que o atenderia imediatamente. Salomé, inocente, sem saber o que fazer, a pedido de sua mãe, que odiava o profeta João Batista, ungido por princípio e conceito religioso, por não aceitar a união desprovida de caráter e traição ao esposo Herodes. Pediu à filha a morte do profeta. Herodes Antipas, envergonhado de recusar o pedido diante dos convidados, aceitou. Ainda na festa, trouxeram-lhe a cabeça em uma bandeja.

Existem diversas situações que envolvem não só a quebra da continuidade da relação da esposa e do marido, mas também o comprometimento junto à sociedade. A infidelidade está na atitude que contraria o desejo lógico do comprometimento por egoísmo, vaidade, frieza, mentira, desrespeito não apenas por meio do sexo, mas por toda e qualquer relação desrespeitosa à dignidade do outro ou de si mesmo. Por exemplo, a infidelidade na revelação de um segredo, faltar com a palavra na coisa combinada. O adultério é exclusivo, o ato é objetivo, a famigerada traição pelo sexo.

Vejamos uma vertente de difícil compreensão e aceitação. O descontentamento na relação não ocorre por acaso. As aflições, os descuidos acontecem em função talvez do tempo ou pelas dificuldades das realizações sonhadas a dois; acabam por desencadear o desinteresse e o comodismo em relação ao outro. A persistência do incômodo leva ao descontentamento, que gera atribulações recíprocas, causa motivadora para que ocorra o desequilíbrio, para um dos cônjuges, na sociedade de fato ou de direito. Esse condicionamento negativo traz frustações dentro do relacionamento, não suporta atitude descortês, outrora a cordialidade desejada e prometida mediante juras de amor do começo. Assim, a insatisfação, a pressão demasiada e constante levam ao descarrilamento de dentro de casa para fora. A questão, a princípio, não é necessariamente com o objetivo da infidelidade pela prática do ato sexual, mas a falta de cordialidade e sensibilidade. Acaba por encontrar fora de casa e traz a oportunidade do erro ou a manifestação de uma nova vontade. Nestas condições, o primeiro passo para a ruína da desconstrução afetiva do castelo dos sonhos desliza junto com as juras de amor pelo adultério.

Culpa

A culpa é facilmente atribuída e imposta com lágrimas nos olhos ao endemoniado transgressor, o adúltero. Ao acusar, não sabe que a relação sexual fora de casa é ato posterior, só veio a acontecer quando, a princípio, houve o acolhimento definitivo pela incompreensão, não do corpo, mas da alma. A culpa que crucifica o autor do adultério é, no mínimo, relativa ou definitivamente não se atribui culpa, *a priori*, não é réu, é vítima. Não se procura na rua o que se tem em casa, não apenas a falta de sexo, a falta de afetividade e cuidados diversos esquecidos pelo tempo. Outrora não imaginava, e acaba por levar seguramente à infidelidade também pela prática do ato carnal, consumando o adultério. Não se justifica precisamente o ato, mas a incompreensão é anterior ao ato. O desgaste, a falta de sensibilidade no relacionamento por um dos cônjuges precede de longe a consumação do adultério pelo ato sexual. Por isso, não digo que o adultério ocorre pela fraqueza da carne, mas pela indescritível vulnerabilidade da insatisfação psíquica, do homem ou da mulher. Sem querer despertar pensamento machista, as condições para que não ocorra o adultério, em tese, **a dificuldade é para ambos**. A menor tentativa para contribuir minimizando a culpa, entendemos estar na compreensão dos títulos anteriores deste livro (*O enigma da escolha* e *A consequência da escolha*). As dificuldades das situações que atrapalham o encontro da pessoa, aparentemente certa, perfeita, como se achasse a arca perdida. As charadas para que, no mínimo, o relacionamento dê certo e a tentativa da exclusão da infidelidade pelo adultério, uma vida feliz, com as adversidades, torna-se difícil! Quer fazer entender que a pressa, a sede demasiada e antecipada do casamento tragam o inoportuno desajuste para o futuro, ocasionando a separação pela prática do adultério no relacionamento mal planejado.

Sempre haverá a discussão e acusação da ilegitimidade da verdadeira causa e responsabilidade da culpa por quem sofre o adultério, ficando a princípio como parte lesada. No entanto, deu causa pela ausência de afetividade mínima dentro do relacionamento conjugal. De certa forma, de outro ângulo, também não lhe atribui culpa, o desgaste pessoal fez com que fosse omisso, o que não deixa de ser uma das atribuições e causa, não só para o adultério, mas o motivo para a separação. Aqui, a interpretação do equilíbrio de culpa, por analogia e sentido genérico, Aristóteles manifesta com sabedoria o peso da justiça e a injustiça entre os homens: *"Mas a justiça nas transações entre dois homens é uma espécie de igualdade, não ao passo que a injustiça é uma espécie de desigualdade; não de acordo com esse tipo de proporção, porém, mas de acordo com esse tipo de proporção aritmética".*

Não faz diferença ser um homem bom ou um homem mau, a lei considera apenas o caráter distintivo da lesão e trata as partes como iguais. Uma comete o adultério e a outra supostamente sofre ou resigna-se.

Assim, teoricamente, segundo a demonstração do equilíbrio no julgamento entre a perda e o ganho, o adúltero e a vítima, evidencia-se a cumplicidade de igualdade na culpa no adultério.

Nestas condições, a ausência da manutenção da alegria no relacionamento por uma das partes, ou ambas, consciente ou inconsciente, é levada à culpa a vítima do adultério, que sempre esteve indiferente no relacionamento, considerando ser o sexo instintivo.

Por outro lado, podemos atribuir a infidelidade por vários outros motivos, não apenas por descontentamento e diferenças levadas pelo cotidiano do casal, mas o adultério por falta de amor. Nesta situação não resta a luz da paixão, não há o brilho do amor. Aqui, além da infidelidade levada por estas circunstâncias, o pior dos pecados, a morte da esperança, não tem como ficar e a separação é inevitável. E, ainda, casais suportam por interesses distintos à sua vontade a tentativa da manutenção do casamento, não por amor, mas por interesse em benefício de diversas situações de comodidade, sem precedentes. Entre tantos exemplos distintos, destacamos que a falta de normalidade financeira também é um dos fatores que implica a manutenção do relacionamento e acaba por gerar o adultério e posterior separação. E, ao contrário da falta, o excesso financeiro implica a manutenção do relacionamento; nesse, normalmente tenho visto, o adultério não incomoda, administra-se às custas das benesses do dinheiro, não sofrem, aceitam. Por último, o exemplo mais comum, é considerável a manutenção de relacionamentos de casais adúlteros por consequência dos filhos. Esse argumento é maximizado pela multiplicidade da dor, a convivência se mantém à revelia da tolerância do que pode suportar o ser humano. Está dividido e comprometido com o princípio básico da liberdade do direito de ir e vir, mantém-se recluso, pelos filhos não partem, ficam e sofrem. Esta situação, que muito se vê e normalmente ocorre pela tentativa da não frustração da educação dos filhos, a tentativa da manutenção do equilíbrio da família e evitar traumas psicológicos.

A difícil incompreensão da fragilidade do relacionamento, paulatinamente, leva ao inoportuno acontecimento do adultério. A conscientização do desmoronamento da relação é vital, os cristais são frágeis, os hormônios são inconscientes, não falam e não pensam, agem, no homem há a diferença de testosterona. Por isso, a realidade do fim deve ser esclarecida, admitir que a vida deve continuar, não como utopia; digo que em qualquer relacionamento onde ocorra a separação, de qualquer forma ele deu certo. Sim! Deu certo. Nos mistérios da boa vontade, um dia talvez iludidos, preparados ou não, houve a tentativa de buscar o melhor, a constituição de uma sagrada família. Gerou-se fruto ou não, sabe que um dia houve a presença do amor, portanto deu certo pelo tempo que se manteve. Por isso, na incorreção do percurso da relação, buscar o bom caminho e a divindade para as duas partes, que acreditaram na realização dos sonhos da vida a dois. Havendo as adversidades, não nos cabe saber exatamente, muito menos julgar, sob o manto da culpa.

Nossa reverência ao ilustre estudioso e conhecedor dos melindrosos caminhos da psique do homem, entre a culpa que leva à renúncia da vontade frustrada de realizar-se em um novo relacionamento, *in memoriam*, Dr. Flávio Gikovate, que dedicou a sua vida no campo da psiquiatria e nos ensinou a dualidade do doce amargo de uma nova relação, dentro do casamento, as suas consequências e frustrações. Na **culpa**, diz: *"O casal começa a fazer os planos típicos dos que se amam. Ambos começam a pensar numa aventura vivida em comum, e como seriam felizes se pudessem estar juntos todo o tempo. Aparece, nesse ponto da história e com total clareza, o dilema maior: cuidar de si, preservar o relacionamento tão intensamente ansiado ou abrir mão dele em favor da esposa/do marido e dos filhos. Será que serão capazes de vencer o sentimento de culpa que efetivamente causarão em terceiros? Será que vão resistir às pressões e chantagens que sofreram no caminho de constituírem um novo par? Qual o 'peso' do amor e qual o dos deveres? O que vale mais: o amor ou a família?"* Nesses questionamentos, a difícil compreensão. Nas adversidades, não nos cabe saber exatamente, muito menos julgar, sob o manto da culpa. No entanto, o entendimento da boa amizade deve prevalecer, o equilíbrio e a manutenção da amizade. Admitimos o conhecimento de causa no campo do direito, a observação de muita instabilidade emocional para o casal, estresse e prejuízo para a prole, para os filhos.

O novo amor, como se fosse o doce sabor da nova relação. O peso da responsabilidade para com a família anterior e os efeitos da sociabilidade para ambos. Como se fosse um vaso florido caído no chão, aos pedaços a reconstrução. Para Gikovate, **na psicanálise**, igualmente se coloca na incapacidade de declinar objetivamente o caminho dos questionamentos que se divide entre o amor e a culpa. Diz: "[...] *tudo pode e deve ser visto de forma relativa e cada um terá uma resposta às questões acima, resposta esta que dependerá de suas convicções pessoais – e não cabe afirmar que exista uma forma mais correta de responder a esses terríveis dilemas existenciais. O que está mesmo em questão aqui é saber se uma pessoa que se acha moralmente no direito de lutar por sua felicidade sentimental será ou não capaz de vencer o seu maior inimigo: a culpa*". Enfatiza a dificuldade de final feliz do relacionamento extraconjugal, prevalecendo, como se fosse a vitória da culpa; no balanço das incertezas prevalece a família e o tradicional conceito social. Reforça: "[...] *na grande maioria, os casais apaixonados que vivem nas condições que descrevi não terminam juntos. Ou seja, o amor não vence a batalha, apesar de ter sido um importante aliado na luta contra a culpa*".

Mesmo assim gerou frutos, com filhos ou sem eles. No início da relação prevaleceu o amor, deu certo pelo tempo que se manteve. A incorreção do percurso da relação anterior não deve carregar a culpa, manter a expectativa da realização dos sonhos da nova vida a dois.

Referências:

ARISTÓTELES. **Ética a Nicômaco**. 1ª edição. Jandira/SP: Editora Principis, 2021, 112p.

GIKOVATE, Flávio. **O mal, o bem e mais além**. 10ª edição.: MG Editores, 2005, 122-123p.

Verdades e mentiras no relacionamento

Verdades e mentiras do casamento. A causa estaria na culpa ou na ilusão de se manter o relacionamento à revelia da sua vontade, pela manutenção do seu interesse pessoal e aconchego dos filhos ou do seu?

Uma estatística pessoal, perguntas e respostas da vida real. Nós nos atrevemos a essas perguntas para inúmeras pessoas casadas. Uma visão realista da vida no cotidiano dos lares sobre sexo, dinheiro, liberdade, privacidade, intimidade, alegria ou tristeza que se vive na mentira, felizes ou não. Para ilustrar, devemos considerar o conceito de que a maior mentira do mundo está na resposta de quando se faz um cumprimento saudoso: "Você está bem?" A resposta é unânime, salvo problemas de saúde: "Estou bem, muito bem!" Igualmente a outra mentira que acontece em todos os cantos, ao se tirar uma fotografia extraoficial, em qualquer lugar, em uma festa, esteja você zangado, triste, agoniado; não interessa, um sorriso falso vai se manifestar naturalmente. Verdade ou mentira?

As repostas mentirosas ao questionamento foram muitas e diversificadas. Vejamos.

Segundo as **mulheres**, em tom de brincadeira, com relação às mentiras dos homens: *"Eu estava trabalhando até* *agora; furou o pneu; a minha secretária é bonita, mas é insuportável; perdi o voo; vou jogar futebol com os amigos; essa mancha no colarinho da camisa, recebi um abraço de uma amiga no corredor da empresa; transamos quase todos os dias; meu marido é genial; meu carro foi visto entrando no motel, emprestei para um amigo".*

Segundo os **homens**, as mentiras com relação às mulheres: *"o corte de cabelo foi a metade do preço; fui ao supermercado; quem é aquele cara? É meu amigo de trabalho; Eu não sei de nada, foi o que me disseram"*. As respostas foram objetivas e corriqueiras.

As verdades e mentiras a que me referi são aquelas escondidas dentro do seu próprio eu, mentiras do cotidiano ou brincadeiras. As mentiras de insatisfação, na realização frustrada dentro do relacionamento, as mentiras que não se revelam, as ocultas. Essas atormentam, dilaceram o subconsciente e fazem sofrer. A vida, como se fosse uma viagem de ida. Está casado, está casada, vive na mentira, no amargo sabor do arrependimento ou falta de amor. Sabe, admite, não age e não resolve. Esta situação circunstancial, entendemos ser psicossomática, que fere a alma e pode trazer como consequência doenças físicas por meio do abalo emocional permanente, insônia, gastrite, herpes, enxaquecas, alergias, diarreia, dor de cabeça constante e sem motivo aparente. E ainda doenças psiquiátricas, transtorno bipolar, somatização, esquizofrenia, doenças cardiovasculares e muitas outras. A resolução para a enfermidade do descontentamento está no tratamento psicológico ou, mais facilmente, na coragem e no entendimento de não viver mentiras do coração.

No exemplo do título anterior – *Meu casamento não deu certo* – nos personagens de **João**, 60, e **Maria**, 55 anos, a coragem e determinação de Maria de manifestar a sua verdadeira vontade, expor o seu sentimento após anos de casados, cinco filhas com o seu eterno e amado João. Aos 55 anos de idade, não soube se manter na mentira do seu verdadeiro sentimento. O seu coração não admitiu mentiras, separou-se.

Cabe aos desígnios e mistérios do ser humano. No passado, não se compreendia a tão valorizada liberdade. Próximo ao pôr do sol, no adiantar da idade, encontrou a compreensão do sentido da liberdade, da sua própria liberdade, igualmente dos sonhos de quem tanto amou e não compreendeu. A consciência que deve prevalecer é que, na vida, onde não há liberdade, não prosperará a felicidade.

Ce ménage à trois[4]

O sonho, o mundo imaginário do começo já não prevalecem a sensibilidade, a paixão, outrora não existem mais. Não há alegria, resiste a qualquer tentativa de um novo recomeço. Na cama, agora somos três, se não de fato, na imensidão do imaginário, no pensamento consciente na busca por nova luz, um novo desejo. O começo do fim, seu príncipe virou sapo. O amadurecimento do relacionamento não suportou a manutenção e continuidade da relação. Na consciência, o desgaste admite o fim, senão frente a frente, o reflexo do espelho condena ou admite prosopagnosia[5] por depressão, incapaz de identificar a si mesmo ou um interlocutor imaginário que não vê, mas que se imagina.

E, de fato, não apenas no imaginário, a realidade da submissão e compromisso do relacionamento, ainda no casamento, esconde um personagem real, uma nova atração ou mesmo um amante. Porém, mantém-se no casamento, relações sexuais esporádicas acontecem, se não por amor, por instinto ou costume, sexo em casa. Nestas condições, com o relacionamento desgastado, com o pensamento distante, o sonho de estar com outra pessoa ou em outra cama para a prática do ato sexual. Na sua imaginação, alguém que está distante, você imagina estar ao seu lado.

4. Ce ménage à Trois / sexo a três.

5. Prosopagnosia: Incapacidade de reconhecer a face de outros indivíduos.

A dificuldade os mantém na incerteza, a separação ainda não aconteceu, mesmo assim o sexo acontece. A separação se diverge em condições distintas, a relação é familiar, implica a divisão de patrimônio e principalmente quando há filhos, sem alternativas, resta a resignação de todos. A frustração predomina, a insatisfação do fracasso ao caos do relacionamento, é difícil! Mas é o que às vezes acontece.

Desculpa ou perdão

Qual é o mais nobre dos sentimentos, a desculpa ou o perdão?

Neste título, veremos o equilíbrio da compreensão da desigualdade entre os dois sentimentos, desculpa e perdão. Um se manifesta de maneira distinta em detrimento do outro quando acontece o adultério, independentemente da manifestação da culpa do adúltero. A **desculpa** é a expressão de sentimento por parte do ofensor ao ofendido. O **perdão** é a expressão de sentimento exteriorizado pelo ofendido ao ofensor. São similares, porém com pesos diferentes. Estas duas situações de sentimentos acontecem diante da manifestação da vontade de ambos, o ofendido e o agressor, o traído e o traidor, um em pedir e o outro em aceitar ou não. São significativas, distintas, não por menos, quaisquer situações para o uso de ambas, porque houve a quebra de confiança ou, no mínimo, o desconforto de relacionamento de qualquer natureza.

No relacionamento de um homem e de uma mulher, na graciosidade ou na obscuridade da relação, o reconhecimento do pedido de desculpa, igualmente, o reconhecimento de erro grave se manifesta por meio do arrependimento, o perdão. No entanto, a diferença entre o pedido de desculpa e o perdão pode trazer consequências traumáticas para ambos. Vejamos: a **desculpa** ocorre quando é ofertada de maneira superficial, aceitar o pedido de desculpa, no entanto, pode esquecer ou não a razão do pedido. Enquanto que o **perdão** é o contrário, ou seja, admite verdadeiramente, é profundo, não fica mácula. Aceito o pedido de perdão, o curso natural deve prevalecer, a vida segue, a sensação, a aceitação é plena, o amadurecimento surge e fortalece o relacionamento. Os benefícios sobre o balanço da desculpa e do perdão favorecem o amor e a manutenção da família. Aqui não se atribui culpa, prevalece a generosidade de ambos, prevalece a família. A frase de **Nietzsche** sustenta o poder da força do amor, diz: ***"O amor perdoa até o desejo de ser amado"***. Ao contrário disso, a certeza do desgaste, a separação. As situações para que ocorra o pedido de desculpa ou de perdão são inerentes aos acontecimentos dentro do relacionamento, a conveniência pessoal da aceitação ou recusa fica a critério do peso ou suavidade das circunstâncias.

Referência:

NIETZSCHE, Friedrich. **A gaia ciência**. Tradução: Antonio Carlos Braga. São Paulo: Lafonte, 2020, 83p.

Divã

Segundo a psicanálise, o divã é peça essencial para a manifestação e relaxamento para o trabalho terapêutico do paciente. Essa necessidade não obrigatoriamente ocorre devido à falta da plenitude do relacionamento que ficou para trás com a separação, por circunstâncias da própria culpa dentro do casamento. Para que isso ocorra, socorre-se ao divã. Antes disso, se analisar o que lhe pertence, a esposa, os filhos, a relação que envolve o casamento, a compreensão para a reconsideração é válida e pode ser essencial para se evitar o divã. Perder a razão, o amor por tudo, esquecer que tudo foi fruto da sua livre escolha no passado e manter-se cego diante dos acontecimentos no decorrer do casamento não justifica a insatisfação do inconsciente no presente. O divã, *a posteriori,* depois da separação pode ser tarde demais, é aconselhável a razoabilidade do diálogo em casa. Mesmo assim, se não obtiver resultado satisfatório, buscar ajuda antes da decisão definitiva da separação. A busca do divã após a separação é como se confessasse o arrependimento. Muitas são as causas e mudanças que podem implicar o arrependimento: o aconchego costumeiro em família e tudo o que envolve o relacionamento. Os desajustes que levaram à separação devem ser minuciosamente observados, e normalmente o motivo da culpa atribuída pelo insatisfeito pode ser dele mesmo. Não vê, não enxerga suas próprias deficiências. Se existe uma família constituída com filhos, fica ausente, atribulado com as responsabilidades do trabalho, esquece o fortalecimento da relação, o zelo com o outro e o carinho com o filho, deixa a desejar. Deitado em um divã, acontecem a convicção e o entendimento da falta da sua compreensão para com o outro e a falta da companhia para com o filho: a brincadeira na praça, na rua ou em um parque de diversão. Justificaria o equívoco da separação? Por isso, a consciência e o equilíbrio para as suas decisões, o erro pode estar apenas nas suas incertezas, por reflexo acha que está na outra parte, no filho, ou em si mesmo? Certamente não se quer ver o próprio filho em um divã. Muito se observa a insegurança dos filhos por reflexo da separação dos pais mal conduzida ou mesmo sem planejamento. A psique do inconsciente é de tamanho imensurável, sem limites, faz estragos, compromete o futuro, mata a esperança e ceifa o brilho da vida, do filho que não pediu para ser gerado. Os pais seguramente são os responsáveis pela formação das psicoses dos filhos, se mal administrada a separação, por exemplo, ainda quando os filhos são crianças, o risco de polaridade reprimida é grande. Por isso, previna-se! Pense com o coração, a razão nem sempre está ao seu lado, a escolha foi sua em tê-los.

Evite desgaste na separação

É fato definitivo a separação, não há alternativa, não houve meio-termo entre o pedido de desculpa e, muito menos, o perdão. Para se chegar a esse ponto, todas as tentativas e possibilidades de reconciliação foram experimentadas e testadas. Para o encaminhamento da separação, independentemente da causa, deve-se chegar ao consenso de que o procedimento precisa ser suave e pacífico. Esta leitura talvez seja incompreendida devido ao motivo que levou à separação. Não importa. Os caminhos sinuosos não levarão mais ao encanto do início ou mesmo à reconciliação, a não ser que o tempo contribua para a superação do acontecido e ocorra o benefício do perdão. Portanto, é preciso compreender a necessidade de serem amistosos e consensuais. Se conseguirem o procedimento pacífico, as vantagens serão inúmeras e contribuirão para o futuro. Os reflexos da separação consensual trazem vantagens em todos os sentidos, se com filhos, irão contribuir para a diminuição de traumas. Os filhos, no seu íntimo, querem os pais juntos.

A incompreensão nas atitudes agressivas no momento da separação não deve prosperar. Lembre-se de que no passado, em determinada fase de suas vidas, no início, fizeram juras de amor. Ao se casar, é importante ter a consciência de que nada é absolutamente previsível como cálculo aritmético, onde um mais um são dois. Ao contrário, no jogo das emoções há uma troca de sentimentos em que não se sabe até onde e como irá chegar. Não existem certezas para os dias vindouros, existem vontades e perspectivas de acerto. Assim, condenar um ao outro por ser a causa da separação não é justo, a culpa pode ter sido sua. Casaram-se por força da própria vontade, admitamos ser, no mínimo, indigno maltratar quem você escolheu e amou. Seria como assinar um atestado de insuficiência mental ou até mesmo a falta de personalidade e aceitação pelo seu próprio equívoco.

Vejamos, por exemplo, no divórcio direto, na separação judicial ou dissolução de sociedade de fato, a necessidade de contratação de advogado. A opção consensual implicará, apenas, um advogado para a formalização burocrática de ambos. Com tudo isso, os benefícios são evidentes em todos os aspectos, trazem a tranquilidade para o casal em um momento delicado de suas vidas e principalmente para a questão de harmonizar a angústia dos filhos. A soma de um mais um na matemática do casamento não se equivale, o resultado pode ser três ou mais filhos.

Neste título, de forma genérica, falamos da tentativa da conscientização do casal em buscar não apenas o equilíbrio civilizado para o bom entendimento e a melhor compreensão dos filhos. A indulgência dos pais é inconcebível. Com isso, vem a certeza do fim, um novo começo dos pais separados. O reflexo positivo, mesmo que dolorido, dos sonhos antes planejados que ficaram perdidos no caminho e na memória para sempre, deve ser preservado. Assim, mesmo com a separação, manter-se dignos às suas sementes, seus filhos, eles não escolheram esse deslinde, não escolheram nascer, a opção do casamento equivocado não foi deles. Acabam por pagar a conta. Porém, com dignidade e zelo mantido, a ordem se restabelece e a vida segue. Evite desgaste na separação, aconselhe-se, com a luz da verdade e da fé, encontrará o melhor caminho.

Livre-se do mau caráter

O casamento é um jogo cuja vitória deve estar na felicidade de ambos, deve haver dois vencedores igualmente felizes. Prevalece a renúncia, querer bem um ao outro, como se olhasse para o espelho e no reflexo visse a outra metade. A individualidade é justa, faz preencher, é a admiração daquilo que você não tem, faz completar e ser dois em um. A cumplicidade é o fator que norteia o relacionamento, que o faz ser duradouro e feliz. O embasamento está no tripé alicerçado pelo caráter, dignidade e honradez. A escolha é determinante.

Ainda jovem, a vida como se fosse um horizonte sem fim; com o nascer do sol, de frente, resplandece todo vigor e energia para as expectativas do futuro em uma viagem em alta velocidade, na estrada colorida, atraente, cheia de luz e consciente.

Não teme, acredita ser conhecedor de todos os riscos e limites que a estrada da vida oferece. Os exemplos dos vizinhos, não os vê; os pais, não os ouve, e os amigos em que acredita, não os deixa interferir. Na estrada de todos nós, o descuido no balanço das escolhas é natural. Entretanto, descuida-se com o reflexo do sol, não vê os buracos negros ocultos à sua frente, persiste inocente, não consegue evitar, entra com tudo no relacionamento, por precipitação ou por descuido, casa-se. Quando isso acontece, os estragos são inevitáveis no caminho. Um mau caráter sabe da inocência do outro, da fragilidade, aproveita e vai destruir. Assim acontece na união quando há despreparo e se deixa levar pela paixão. Cedo ou tarde descobre o verdadeiro mau caráter ao seu lado. Sofre, confunde-se, talvez pense que é justo, mas não quer acreditar na realidade estampada, às claras, nas atitudes que antes não soube ver.

Muitos são os motivos de separação, o fim do casamento por desencontro e insatisfação acontece, mas admitir ter casado com um mau caráter é inaceitável à sua própria dignidade como pessoa. Não há maior decepção ou desgosto, agora o sol já não nasce mais no horizonte, como antes. Por analogia, a vida em apenas um dia, já no final de tarde, no pôr do sol, poucos raios de luz, não mais como antes no horizonte, o futuro com poucos raios, não viu. Além do outro, deve-se ter vida própria, a sua independência é a razão para o fortalecimento do seu próprio caráter. A compreensão para conviver pode ser justa em relação às circunstâncias submetidas, subjugar-se jamais.

Um exemplo bárbaro, a canalhice, a falta de caráter do injusto, nos anais da vida profissional, presenciei. O injusto ou mau caráter se pôs em pele de cordeiro por todos os tempos, desde o início do casamento com uma bela mulher, **Sandy**, de olhos verdes, cabelo de cor dourada, de família de educação tradicional, a certeza da boa escolha e de futuro brilhante. Nos conceitos dos bons costumes, descuidou-se, não olhou para os vizinhos, não ouviu seus pais, a decepção prosperou! A separação se deu após trinta anos de união, antes não quis ver, provou o amargo sabor, não apenas da separação, mas da certeza da convivência com uma pessoa de extremo mau caráter. A princípio, da união restaram duas belas filhas e nada mais. Do relacionamento saiu com uma mão na frente e outra atrás. De sua casa, retornou para a casa dos pais, não tinha para onde ir nem condições de residir em outra casa sequer. Manipulou, virou as costas para a mulher que contribuiu por toda a vida com o trabalho e com a manutenção da bela casa em que residiam. Portanto, cuide-se! Pode estar dormindo com o inimigo e não vê ou não quer acreditar. Como ter a certeza disso? Não é fácil, as raposas são cautelosas, andam suavemente na rapina. No entanto, para farejar um mau caráter, observe suas atitudes simples do cotidiano, são de manifestação egoísta. Observe, nos passeios, nas compras, na relação de amizades, sempre se coloca na vanguarda de tudo, como nos impérios, impostos ao rei. Prioriza tudo, a sua satisfação em primeiro lugar, no shopping a capacidade das compras exageradas para si, não se incomoda com o benefício mínimo da sua família. Com a sucessão não se incomoda, esse benefício poderia acabar por beneficiar seus genros, diz ele. Assim, pensa que prospera, não sabe dos desígnios do além ou, talvez, não sabe o que acontece na lei do retorno dos solos áridos da Terra! Aristóteles acentua que: *"o homem que agir injustamente é característico da pessoa justa e da injusta, porque ela não seria menos, mas ainda mais capaz de cometer cada um desses atos injustos; o homem justo poderia deitar-se com uma mulher (esposa de um vizinho) ou ferir um vizinho, e o valente poderia jogar fora o seu escudo e fugir. Mas desempenhar o papel do covarde ou agir injustamente não consiste em fazer essas coisas, exceto por acidente, mas sim em praticá-las como resultado de um certo estado de caráter".*

Lembre-se! Podemos e devemos desistir de pessoas que não nos fazem bem. No entanto, não podemos desistir de nós mesmos. Previna-se no presente, ceder com ingenuidade nos lençóis de cor branca, sob os encantos da lua, pode restar para o futuro uma conta além do seu recurso econômico e psicológico. As pessoas de relacionamento social, profissional ou afetivo vão e vêm, algumas poucas ficam, dê preferência aos justos. Considere que no passado, em outros tempos, houve a oportunidade de iniciar a sua história, como se fosse um livro de páginas em branco, folha a folha, sem saber qual seria o resultado final. Mesmo sem escrever, tudo ficará registrado. Assim são os mistérios que iluminam os caminhos sinuosos da livre escolha, o bom ou o mau caráter.

Cabe uma observação: uma situação de incompreensão entre os sexos, dizer que um homem ou uma mulher é canalha, mau caráter, justo ou injusto, é questão de interpretação. Normalmente, o cunho pejorativo de que o homem não presta é atribuído em situações de desconforto ou desentendimento em circunstâncias e situações distintas, como a traição, por exemplo. Para a mulher que se casa por interesse financeiro, ser chamada pelo adjetivo pejorativo "interesseira", que muito se vê na sociedade, também não procede. Concluímos que em qualquer situação a questão é inerente à personalidade de cada um, é uma questão de caráter individual ou circunstancial. Nem todos os homens não prestam, quanto menos todas as mulheres se casam por interesse.

Referência:

ARISTÓTELES. **Ética a Nicômaco**. 1ª edição. Jandira/SP: Editora Principis, 2021, 126p.

Perdoe a si mesmo

No resumo de todos os acontecimentos que ficaram para trás, você deve entender que a vida, não apenas a sua, mas todas as vidas, é um emaranhado de ilusões. Tudo passa, nada é permanente. Desde o começo, antes do casamento, a vida se resume em busca de benefícios, agregar, como se a vida fosse uma grande canoa, a nossa obrigação é enchê-la ao máximo de tudo o que nos traga satisfação, conforto, amor verdadeiro, os filhos, os prazeres, custe o que custar. Essas exigências são impostas por quem? E por quê? O mundo é assim, a sociedade nos espreme e condiciona desde os primeiros passos, vencer e ser feliz a qualquer custo, não veem, não entendem que os ventos nem sempre favorecem igualmente as pessoas, somos iguais, porém somos distintos. A compreensão do oposto é necessária para não sofrer, entender que os requisitos básicos para a plenitude das realizações impostas nos fazem esquecer que somos frágeis, mortais ou imortais nos critérios dos mistérios da individualidade da fé de cada um. Devemos compreender que é relativo o que conquistamos ou deixamos de conquistar, as circunstâncias sempre serão individuais, não se atribui culpa. A consciência de que, no balanço do sobe e desce dos mares da vida, o vento vira, remar contra as diferenças e as exigências impostas pela sociedade não é fácil. Insistir na insegurança das águas turbulentas, como se buscasse chegar às profundezas do inferno... É melhor aceitar o que você tem e aonde você chegou. Não ir além do que de fato interessa ou tem necessidade. Não desacredite de você, a vida não é fácil para ninguém. A vontade da carne além do desejo material, busque a grandiosidade que está dentro de você, em saber servir, ser maior, se não para os outros, ser benevolente consigo mesmo. Para que isso aconteça, a consciência deve prevalecer, o que conquistou naturalmente a critério da sua livre escolha, o casamento desfeito, deve aceitar. A gente ganha. Ao contrário, se houver dificuldade, desista do impossível, a gente também perde, não há demérito. Insistir é arriscar fazer uma lambança maior. Agora, talvez não mais no balanço da grande canoa, mas nas atribulações do novo começo, resignar-se aos frutos conquistados, além da experiência, talvez os filhos, os netos. A possibilidade de viver com leveza, observar a margem oposta do casamento com segurança, no balanço suave das ondas, a vida que ficou para trás, admitir que não foi tão ruim assim. No jogo das ilusões da vida sempre haverá um saldo positivo. Na nossa vã filosofia de vida, um crédito à sabedoria de Sócrates, (469-399), que resumidamente disse: *"a filosofia voltada para o homem, organização social, justiça, a coragem, a virtude, conhecer o homem por primeiro"*. Antagonista do sofismo: *"não existe a verdade"*. Considerado o homem mais sábio da sua época, admitiu que nada sabia: *"só sei que nada sei"*. Ainda diz: *"a verdade é universal – a reflexão traz a verdade de cada um – Sofismo: conhecimento para a moralidade – o mal é fruto do desconhecimento"*.

Pessimismo

Não faça alusão pessimista à minha ou à sua vida. Porém, aos moldes do filósofo Arthur Schopenhauer (1788-1860), polonês de Gdansk, ateu, considerado por todos os tempos por ter o pensamento pessimista quanto às certezas e incertezas nas vontades da vida: *"O homem nunca é feliz, passa a vida inteira lutando por algo que acha que vai fazê-lo feliz. Não consegue e, quando consegue, fica desapontado: ele é um náufrago e chega ao porto de destino sem mastros nem cordames. Não interessa mais se ele foi feliz ou infeliz, pois a vida foi sempre apenas o presente, que estava sempre sumindo e agora terminou"*. Seria cômica, se não fosse trágica, a certeza do fim. Ao nascer, a vida na terra de cor azul, como se fosse uma bola de sorvete de *tutti frutti*, pendurada no espaço ou a lua de cor amarela como se fosse sorvete de maracujá; não há outra alternativa, a não ser aproveitar as suas delícias em vez dos tropeços. Se não agora, quando? O tempo é impreciso, autônomo e soberano, porém perdido nas dimensões do espaço. Por isso, a única certeza dos sabores da vida é lamber os dedos enquanto puder.

No casamento: Schopenhauer goteja veneno nos prazeres e benefícios da vida a dois, refere-se com angústia às situações do relacionamento entre homem e mulher, diz: *"A maioria dos homens deixa-se seduzir por um belo rosto, visto que a natureza os induz a possuir mulheres, na medida que mostra todo o esplendor delas ou deixa atuar... um 'efeito teatral'. Todavia, esconde muitos males que elas trazem consigo: gastos sem fim, cuidados com a prole, indocilidade, teimosia, envelhecimento e perda de beleza em poucos anos, mentiras, cornos no marido, caprichos, ataques histéricos, amantes e outras coisas a mais do inferno e do diabo. Eis por que denomino o matrimônio uma dívida contraída na juventude e paga na velhice. Sirvo-me aqui de Baltazar Gracián, que chama de camelo um homem de quarenta anos com esposa e filhos; pois, de fato, o fim comum da assim chamada carreira dos homens jovens é apenas tornar-se burro de carga de uma mulher. Dentre os melhores deles, a mulher, via de regra, passa como um pecado da juventude. O ócio livre que empregam o dia todo para conquistar a sua mulher é um bem de que o filósofo necessita. O homem casado carrega todo o fardo da vida, o celibatário apenas a metade: quem se consagra às musas tem de pertencer a esta última classe. Daí, nota-se que todos os filósofos de verdade permaneceram solteiros: Descartes, Leibniz, Malebranche, Espinosa, Kant. Os antigos não podem ser aqui computados, já que entre eles a mulher ocupava uma posição subalterna; ademais é conhecido o sofrimento de Sócrates e Aristóteles foi um cortesão. Os grandes poetas, ao contrário, eram todos casados e de fato pessoas infelizes".* Os desencontros de seus pensamentos filosóficos ou poéticos, devemos saber distingui-los. Schopenhauer dramatiza a união, condena até mesmo os conceitos e princípios básicos da união entre o homem e a mulher. Ignora a criação e leveza feminina, esquece-se ou nunca soube da graça do desabrochar de uma mulher nos campos, nos caminhos áridos da vida de um homem de todos os lugares, que colhe e acolhe a sua força para junto da sua alma.

Ignora o dom da procriação, a família, a célula *mater* para o desenvolvimento da sociedade e continuidade da espécie humana.

Ignora, talvez, a verdadeira razão, a objeção do aconchego da mulher, no mínimo a incompreensão da sua escrita, ao contrário da sua "vontade", e não teria por que, afinal, teve a vida, foi concebido pelos seus pais, sua mãe, uma mulher.

Ignora a razão e a maneira da sua existência. Gênesis 1:28: *"Sede fecundos, multiplicai-vos e enchei a terra"*. Ouso comentar, talvez por opção de gênero, o que seria natural e de seu livre-arbítrio ou por relacionamento amoroso frustrado. No entanto, a incompreensão da sua escrita, a decepção e desmotivação do relacionamento entre o homem e a mulher, não traz alternativa à aceitação individual, seu pensamento é unânime, condena.

Devemos ter no coração fluidos esperançosos de que a felicidade de hoje deve ser maior do que a de ontem, do **antes** e **durante** o casamento que ficaram para trás.

A felicidade do amanhã, a expectativa de ser maior do que a felicidade que ficou para trás.

Que a felicidade suprema deve estar no presente, com os olhos voltados sempre para o futuro.

O passado é como raiz de sustentação da nossa existência; lembre com carinho, não com pessimismo por causa do que não deu certo, pois as escolhas sábias para os novos caminhos contribuem. Viva o novo presente e seja feliz. A vida segue, viva a mulher, a contragosto de Schopenhauer.

Referência:

SCHOPENHAUER, Arthur. **A arte de conhecer a si mesmo.** 2ª edição. São Paulo: Martins WMF Fontes Ltda, 2019, 44-47p.

As pérolas são raras

Cerca de dois terços da vida efusiva, vivo já não mais acreditando na qualidade superior do ser humano, as decepções e frustrações não só da imparcialidade do homem, mas a total degradação dos alicerces e princípios morais antes sonhados e revelados não verdadeiros. Pensava no temido distanciamento das pessoas por terem a certeza individual dos caminhos percorridos pelos outros incertos. Acreditava na unanimidade da inteligência do homem ser de caráter firme, não apenas de conhecimento adquirido e artificial. Na correção dos pensamentos, natos e justos.

Quando comecei a pensar, já com dois terços da vida corridos, na certeza da unanimidade do pensamento, encontrei a incerteza da sua própria incapacidade de realização pela insegurança ou desconhecimento da sua própria existência. Fui resoluto, a confiança no homem acabou, raríssimas exceções em poucas pérolas perdidas. A fumaça que tira a transparência da verdade me faz pensar estar equivocado, a insegurança desprotege ao não querer deixar acreditar, tudo fica cinza. Mesmo assim, eu me fortaleço na autoconfiança. Nasce a certeza da diferença de correção entre os homens, porém indesejada por mim. A tentativa resiste em busca das relações dos bons e verdadeiros pensadores, como se garimpasse pedras raras e preciosas. A mediocridade dos **abastados ideológicos subversivos** que se dizem ser de conhecimento decepciona. **Aos pobres miseráveis**, jogados à própria sorte por desinteresse daqueles, os abastados, a falta de acolhimento, porque simplesmente vivem, precisam se alimentar e, por estas, razões não conseguem ao menos a medição de seu verdadeiro caráter. Cabe resignar-se? Eis a razão decepcionante do homem que acha que pensa e vê apenas por meio do conhecimento globalizado e deixa de ver, com a luz da alma, o sentimento que passa no coração dos desafortunados por não terem sido bem nascidos, encontram-se no relento das calçadas do mundo. Aos **remediados sobreviventes** a imposição também é severa, cabe-lhes a sustentação da manutenção do seu crescimento, o que impede talvez a construção da sua melhor escolha, não há tempo, reprimem. Por tudo isso, encontrar a si mesmo para ter a certeza de não estar sozinho. Nesse caminho, mesmo decepcionado, penso que devo acreditar nas poucas pérolas perdidas da criação, a natureza é bela, agrada aos nossos olhos sem nada cobrar, alimenta o corpo e o nosso espírito. Portanto, nessa fase do depois do casamento, cante com alegria. Nas boas e poucas pérolas, a oportunidade da proximidade dos interesses de um mundo otimista e a certeza dos bons pensamentos, iguais aos seus. Seja verdadeiro, faça uma reconciliação com a possibilidade de uma vida nova e melhor.

Com o tempo, comecei a pensar nas verdadeiras necessidades para ser feliz, mesmo contrariado com o retrocesso do homem, ao menos no que tange aos prazeres e preferência ao lado de uma mulher. Uma situação, um exemplo, alguém, um dia, nas atribulações das incertezas do melhor caminho, **Lucídio**, homem afortunado financeiramente, de conhecimento filosófico relativo e de família tradicional, dirigiu-me uma pergunta clara e objetiva: qual a verdadeira razão e o que há de melhor na vida para ser feliz? A resposta foi certeira, por analogia, acabou por ser assustadora para o personagem. Afinal, um homem de muitas posses e de relacionamento seguro e duradouro. Disse-lhe para a sua dupla pergunta uma única resposta: que a vida se resume em um copo de bebida a seu gosto em uma das mãos. Na outra mão, a mulher do seu gosto. A curiosidade fez embargar a sua voz na incompreensão da resposta. *"Como assim?"* Disse-lhe que o resultado final de tudo está na simplicidade e no objetivo único da sábia escolha, a união entre o homem e a mulher de caráter incontestável, independentemente da classe social. Para o homem, após um dia de trabalho árduo, ao entardecer, a normalidade está no descanso, no relaxamento, em degustar um *drink* a seu gosto. E, na outra mão, a mulher de sua preferência com a certeza da sua graciosidade, casado ou não. Na ótica do exemplo inusitado, que a felicidade não está no excesso das finanças que tanto ocupa e preocupa, mas está na arte de saber ser feliz com o equilíbrio entre a emoção e os prazeres ao lado da mulher escolhida.

Apesar da minha própria desconfiança da diferença de caráter entre os homens, confesso a influência e inspiração para desenvolver este título em Arthur Schopenhauer, o filósofo polonês, nos mesmos termos da sua desconfiança e incredibilidade no homem. Porém, ao contrário do seu pensamento sobre a descrença no sexo oposto. Mantenho e insisto na felicidade do homem e da mulher em qualquer tempo e condição. O seu pensamento traz uma versão negativa, contundente e de possibilidade mínima de expectativa positiva no relacionamento. No mínimo assustador o seu entendimento, por se tratar não de assunto filosófico, buscando o conhecimento do ser, mas sim extraído das cartas deixadas em vida como sabedoria prática. Sabedoria prática de vida? Não por menos, é considerado mestre do pessimismo. No mínimo admitisse uma vontade, uma opinião a respeito dos seus desejos ou insatisfações, contrário ao seu mal-estar ao lado de uma mulher.

Contudo, nestes títulos avençados, uma base, uma literatura teórica aos requisitos das relações humanas no âmbito amoroso em qualquer tempo, desde o **Antes** do início das pretensões das relações do primeiro amor, quando solteiros. As atribuições dos deveres e das responsabilidades **Durante** o casamento. E, finalmente, com o amadurecimento, longe do mau sentimento de ciúmes do tempo de namoro e casado, no **Depois** do casamento, com a separação; se isso ocorreu por circunstâncias dos caminhos da vida, não nos cabe descartar os desejos de felicidade e sexo. Os erros são sinônimos da supremacia do aprendizado, uma nova vida haverá de se construir. Desmerecer essa oportunidade não nos cabe em nenhum momento. É na jovialidade que a vida se inicia com os passos largos da inexperiência e das incertezas dos caminhos. Por isso, com o amadurecimento, fazer despertar com passos suaves toda a genialidade adquirida pelos caminhos sinuosos que percorreu. Não seria justo desperdiçar a experiência conquistada, veja o lado bom de tudo o que passou e, admitamos, foi às custas das nossas escolhas que tudo aconteceu. Pense!

Referência:

SCHOPENHAUER, Arthur. **A arte de conhecer a si mesmo.** 2ª edição. São Paulo: Martins WMF Fontes Ltda, 2019, 44p.

Depois do Casamento

Seja feliz

Os desencontros naturalmente não são desejados, porém, às vezes, são inevitáveis. Nos sonhos do início, fortalecidos pelo amor que pensa ser eterno e duradouro, como castelos edificados, protegidos por muralhas, procura manter-se à distância dos riscos devido às experiências traumáticas do passado. Nos castelos de areia, as janelas não trazem boa luz, acaba por ruir, restando apenas os destroços. Entretanto, nos castelos bem edificados existem janelas abertas, trazem a esperança e a visão para a realização dos sonhos, dos prazeres do bom relacionamento. A divindade suprema do "Eu", a capacidade de nova escolha, aceitar a mudança com consciência, a vida deve seguir. Os destroços do castelo de areia, agora no chão. Com a experiência do passado, não deve tornar-se refém das circunstâncias que o levaram à separação, ao contrário, liberte-se! Uma nova janela no horizonte irá trazer a luz de um novo caminho, um novo recomeço. As batalhas que destroem castelos também fazem surgir novas conquistas. As grandes virtudes não nascem por acaso, as marcas de ferimentos, não como consolo, fazem surgir novos e verdadeiros heróis. A chance de ser condecorado em um novo e certeiro relacionamento é vital. Afinal, não podemos ter o que não escolhemos ter, escolha a vida com plenitude. Surge a autoconfiança, surgem novos pensamentos. A vida deve seguir com entusiasmo, outra alternativa não há, a tristeza não deve prevalecer. Afinal, castelos não se constroem com lágrimas, mas com determinação e entusiasmo. A felicidade, o desejo de encontrar sua nova cara-metade deve prevalecer naturalmente com o fortalecimento do equilíbrio emocional, isso é possível! Mantenha a razão dos reclames do coração e seja feliz.

Mistérios da noite II

Neste momento, **depois** da separação em qualquer idade, como se saísse das profundezas das águas dos oceanos, emergir é preciso, a vida continua. O pensamento como se nada mais pudesse existir, a sensação de que nada mais pode ser igual ou parecido com o **antes**. Isso não é verdade, você está apenas separado.

As lembranças levam o imaginário ao mundo do antes, pensar que nada mais se pode fazer; beber um bom *Scotch*, não consigo, a disposição muito menos é a mesma, as noites eram incansáveis. Reinventar é preciso, como dizem os contos, a vida é bela, entregar-se jamais. Considerar que a rebeldia do passado tem seu tempo, seu propósito e tem seu valor, justamente para que no amanhã não tenha que se lamentar por não ter sido um bom rebelde.

Imagine-se sem as gloriosas e boas lembranças do passado, aí sim o caos estaria a toda prova da imperfeição. Está feito! Ponto final. Agora, um novo renascer, à sua disposição, as novas aventuras com os pés no chão. Tem a seu favor o sabor da segurança, que antes não havia, viveu. Desfrutar a vida é preciso, novos sabores surgirão, a etnia é ampla e no mercado ou balanço das realizações em busca da felicidade não há recessão. Não se esconda atrás das lembranças do passado, a vida ressurge a cada amanhecer, você não pode se privar dos raios do sol, insisto em repetir, muito menos se privar dos novos mistérios, inclusive os mistérios da noite. Para isso, duas circunstâncias com relação ao casamento que ficou para trás: a primeira, com pouca duração, ainda está com pouca idade, e a segunda circunstância, um casamento duradouro, com a idade avançada ou relativa. Vejamos.

Com a **pouca idade** houve a separação, com ou sem filho, o peso da responsabilidade é proporcional e distinto. Agora, tudo como se você tivesse sido reprovado, não houve exame na prova do amor ou do comprometimento equivocado que fez. Essa observação, não no sentido de ensinamento, muito menos de aprendizado, mas na observância por reflexo dos exemplos fartos contidos ao seu lado. Porém, na falta de atenção da leitura do que ficou para trás, a inobservância no início do título – *Os mistérios da noite I* – que muito buscou precaver sobre aquele momento ser cedo demais para o casamento. Na manutenção do seu atrevimento era essencial a paciência. Estava a critério da sua escolha sem pressa, no futuro com mais experiência, viria a fazer a diferença positiva nas suas realizações. O que era passado tornou-se presente, não mais solteiro, mas separado. Não acreditou ou se deixou levar pelos mistérios do amor cedo demais, precoce, arriscou-se com os resultados incertos do futuro. Agora é preciso resignar-se e recomeçar. Uma nova oportunidade surge em detrimento da sua má escolha no passado, alegar inexperiência não cabe mais a você. Lembre-se de que os mistérios estão novamente à sua disposição para uma nova escolha, se assim desejar. Uma nova leitura consciente do título anteriormente sugerido fará bem – *Mistérios da noite I* – à sua disposição. Na vida, as oportunidades são únicas. Portanto, cuide-se e leia novamente tal capítulo.

Com a **idade avançada** houve a separação, nestas condições os conceitos são distintos e devem ser sensíveis à idade que se tem com relação ao que se pretende. Aqui, não apenas a possibilidade de ter filhos do relacionamento anterior, mas também netos. Não implica apenas as vontades com relação exclusiva ao que se deseja, a separação é circunstancial e independe deste fator. Porém, nestas condições, o amadurecimento deve ser levado em consideração, não mais apenas um consorte para cada lado, existe um envolvimento maior dos familiares de ambos os lados, os filhos e netos. Os mistérios para as novas jornadas são extremamente distintos, houve um casamento duradouro. As possibilidades implicam sobremaneira o aconchego de que de fato se pretende um novo relacionamento ou não. A manutenção do seu atrevimento foi essencial, houve a paciência, mas a relação não suportou. Mesmo assim, o futuro está a critério da sua livre escolha, sem pressa, a experiência fará a diferença positiva nas suas novas realizações, enquanto houver vida, há esperança, não há idade para aventura, mas sempre haverá idade para um novo amor.

Ressentimento passivo

"Sentir de novo ou sentir repetidamente as emoções negativas que foram provocadas a partir de uma atitude que foi mal recebida pela pessoa ressentida – a mágoa é um sentimento de desgosto causado por um pensamento discordante."

Assim se define tecnicamente, no vocabulário da língua portuguesa, o ressentimento. No entanto, queremos ir mais longe na interpretação desse sentimento negativo, que normalmente se atribui à pessoa que se acha supostamente ofendida pelo outro, a que ressente. Por consequência da separação, vamos admitir que não há culpa ou motivo para o ressentido manter esse sentimento em detrimento da outra parte, que causou a separação, não suportou a manutenção do casamento, por isso não lhe deve atribuir culpa, envolve outro sentimento, neste caso, talvez a falta de amor. Acontecer um **ressentimento passivo**, ao contrário do supostamente ofendido, inconformado com a separação, deu a causa, buscou a separação, não quis mais, mesmo assim é injusto o ressentimento pela outra parte que se diz ofendida ou insatisfeita com a separação.

Vejamos, senão apenas pela vontade do pedido de separação, uma solicitação, um pedido de favor não atendido, a falta de compreensão de não haver a obrigação deste atendimento. Por exemplo, em um empréstimo de dinheiro, é facultativo o desejo de dispor ou não da quantia. Na separação, não suportou mais a condição de casado; em uma solicitação não atendida, nem sempre ou simplesmente cabe a obrigação da solicitação. O entendimento de não haver a obrigação desta satisfação ao solicitante, ele é passivo, contrário à sua vontade, não existe obrigação ou condição para isto, manter-se no casamento ou emprestar o dinheiro. Nestas condições, o não atendimento acaba por despertar um ressentimento gratuito, lamenta, não há sentimento para se manter no relacionamento, ou não quis ou não pode emprestar o dinheiro. Especificamente, na separação, a manutenção deste ressentimento contrário, ao suposto ofendido, não é justo.

Por trás do relacionamento que não deu certo, às vezes com filhos, este ressentimento contribui negativamente, constrange, vira rusga, vira mágoa, por trás da culpa atribuída que, às vezes, não teve.

Amor fraterno

Com o fim do casamento, resta o amor fraterno, o ex-marido, a ex-esposa, a família de ambos, unidas por um laço que se rompeu, não suportou o peso dos desajustes. Talvez por falta de planejamento, os filhos à disposição do acaso, apesar da separação, isto não deve acontecer. Os problemas gerados pela ruptura do casamento, se não bem planejado, trazem atribulações negativas para os filhos. Frequentemente se veem distorções e efeitos irreversíveis devido à má condução da separação. Os pais colocam-se em primeiro lugar, inconscientemente se consideram a peça central nas insatisfações geradas pela separação, não fazem bem e trazem as consequências aos filhos. Os prejuízos podem ser irreparáveis em vários aspectos desde a infância, o risco psicológico, traumas, insegurança são os personagens principais neste contexto. Por isso, a valorização do essencial, render-se aos seus erros, saudar com dignidade o cuidado necessário ao filho, que não escolheu e não teve oportunidade de decidir por você e muito menos o seu nascimento. Se não bastasse o equívoco, a separação traz desconforto para a família de ambos e, também agora, para os seus e os meus amigos. Uma nova vida em todos os segmentos, um novo horizonte, um caminho para um novo recomeço.

Mesmo com a separação, a felicidade deve prevalecer, um exemplo natural da vida real deve ser mantido, a manutenção do caráter e a dignidade no recomeço de vida. O relacionamento não suportou, a incompatibilidade desfez a união, mesmo assim, na vida nova deve prevalecer a tranquilidade dos pais e dos filhos. Com o passar dos anos, se contrair ou não novas núpcias, o pensamento no coração, harmonia, ser ídolo um do outro, um dia no passado quiseram estar juntos, não aceitar esta condição é como negar a sua livre escolha equivocada no passado. O maior conforto para a continuidade da retidão na educação tradicional de seus filhos é a certeza da boa escolha em um novo relacionamento tanto para o ex-marido quanto para a ex-mulher. Assim, temos a oportunidade da continuidade, erramos, equivocamo-nos, a chance do acerto está na determinação e na vontade de ser feliz, deixando prevalecer o amor fraterno.

Encontrar a si mesmo

Em certas circunstâncias de separação no casamento, vários são os motivos que justificam o fim do relacionamento, chegando à convicção de que não há mais amor suficiente para sustentar a vida a dois. A incompreensão chegou ao limite da razão e dos prazeres de estarem juntos, não se sabe o porquê, é definitivo e não entende as justificativas para si, de uma vida vivida, agora desfeita. Nada segura, às vezes com filhos, no entanto, mesmo assim não prende, vê a liberdade que talvez não teve, agora quer voar livre. As fases da vida, as fases do relacionamento se superaram, não compreende, não como fuga, apenas como liberdade, não quer ficar e vai. No subconsciente, com boa idade, aconchega um novo despertar, talvez um novo amor ou não. Encontra uma nova conexão inexplicável, forte como nunca antes havia sentido, respeita, mas não admite. No entanto, sente-se leve, feliz e acaba por ir ao seu próprio encontro.

Pensa no equilíbrio como uma avaliação subjetiva de comportamento positivo ou negativo. Acaba por admitir não ser apenas isso, é maior, como uma lâmpada mágica que traz uma nova luz. Talvez no passado, nada contribuiu para que isso ocorresse, a elevação da sua baixa autoestima. Agora sozinho, sozinha, vê-se à frente do seu eu, a razão desse novo amor, acaba por se descobrir, olhando-se de frente no espelho. Pensou por toda a vida corresponder, escorar-se em alguém que trouxesse a felicidade e a pretensão do amor correspondido. Isso não ocorre, esqueceu ou nunca soube que por primeiro o amor próprio, a verdadeira e real condição de sustentação do amor não pretensioso, puro e transparente, não por empatia pelos outros, mas por descobrir a si mesmo. Acabou por se reencontrar, se não no reflexo de um espelho por todos os tempos em casa, agora nos novos caminhos das novas estradas, refletiu a sua imagem em um espelho d'água, a sua semelhança, desconhecida até então. Nas ardentes atribulações da vida, pensava que o amor entregue sustentaria a sua felicidade, à sombra de outro alguém. Equivocou-se! E agora sabe que o seu verdadeiro amor está em si mesmo, sua autoestima. Descobriu que, primeiro, deve amar a si mesmo, depois o despertar para os deuses do amor seguro que preferir. Se ama a si mesmo, poderá amar ou ser amado, ser amada, despretensiosamente, caso contrário, irá divagar nas ilusões das incertezas do amor que nunca houve, por você mesmo ou pelo próximo.

Monólogo após o casamento

O pessimismo é uma vertente negativa da natureza do homem, que acontece por circunstâncias da sua existência ou pelo menos provenientes da sua própria origem, por consequência dos seus ancestrais. A desconfiança, no homem, é contrária às próprias razões da vontade do seu consciente e faz chegar por último ao diálogo consigo sobre as razões de sua descrença. Neutraliza a vontade do diálogo devido à compreensão da dificuldade humana nas relações para a boa convivência. Essa admissão é contrária à sua vontade, por não ter para onde correr, resiste à incompreensão e acaba por falar consigo sobre as insatisfações do comportamento alheio, contrário à sua vontade, sofre esses descaminhos por culpa das vontades, do desejo que faz sofrer, como alega Schopenhauer (conforme fundamentado anteriormente no título *Pessimismo*). Para que isso não ocorra, entendemos que há de se considerar a força e a determinação da livre escolha do que se acha capaz de realizar, sem sofrer por circunstâncias alheias, admitamos que somos individuais, viemos de lugares e culturas diferentes. Por isso, as perspectivas de vontades e desejos são desiguais. Não se pode atribuir a culpa do sofrimento de forma generalizada, entre as pessoas as vontades e os desejos são isoladamente distintos.

Se as tartarugas são devoradas vivas por cachorros selvagens ao saírem do mar ou dos rios para desovarem, não é questão de vontade ou desejo, é sim a manutenção natural de sobrevivência, não há raciocínio lógico para isso. Os animais são irracionais, agem por instinto. Os sentidos são limitados, defendem-se e atacam pela sobrevivência da sua espécie. Por isso a racionalidade na aceitação das diferenças.

Com tudo o que foi alegado anteriormente nos títulos *As pérolas são raras* e *Pessimismo*, resta o diálogo consigo, um monólogo reflexivo para a sustentação das suas vontades com relação aos seus desejos após a separação, com o fim do casamento, para que não haja sofrimento. Ao contrário, observe o que fez e deixou para trás, presenteie-se com o tempo único e exclusivo para você. Você merece. Na dúvida, a certeza de que não haverá outra oportunidade, ela é única.

Por este entendimento sobre as diferenças, emprestamos o título *Monólogo*, da obra de mesma autoria *As 3 fases da vida com sucesso*, que reforça teoricamente a pretensão de entendimento sobre as dificuldades do homem com relação às frustrações das vontades e dos desejos que fazem sofrer.

Monólogo - "Hoje, na fase do bônus, somente você autoquestiona a oportunidade de um balanço não contábil, o balanço da vida, da sua vida, uma viagem para o passado e outra para o futuro.

Ontem, a viagem para o passado, um encontro com você mesmo, ainda criança, no tempo dos sonhos, onde a imaginação, insegura, como se estivesse em um barco flutuando, à espreita do que o aguardava o futuro.

Agradecer àquele menino, àquela menina, a você mesmo, pelos acertos que teve. Imaturo, com atrevimento, a decisão correta, obrigação não havia, que o levaria para os benefícios de hoje.

Desculpar aquele menino, aquela menina, você mesmo, pelas exigências que não poderia suportar e fizeram você chorar.

Amanhã, a viagem para o futuro, no seu último momento, no ataúde, rodeado por alguns dos seus, que estarão à disposição ou não para a despedida final. Imaginemos, por uma força celestial, você poder agradecer e estar satisfeito ou não, por todas as suas decisões. Não do ontem, quando criança, mas do hoje, quando adulto, na fase do bônus, momento do desprendimento.

Agradecer a você mesmo pelos acertos e decisões corretas para todas as suas realizações ou culpar-se por não ter entendido a compreensão da brevidade da vida, ter deixado para depois e não ter havido tempo. Por isso, se não por um autojulgamento celestial, a oportunidade da grandiosidade de poder decidir por você, hoje. Agradecer por estar apto e vivo. Viver a essência de algo que ficou para trás, ou, pelo menos, o que deseja verdadeiramente fazer com o seu futuro".

Assim, a tentativa de sobrepor as angústias e frustrações que ficaram para trás. Lançar o pensamento na perspectiva do futuro e concluir que o momento de novas realizações é agora, depois da separação. As nossas vontades e desejos devem ser oportunizados a critério do autoconhecimento. Por isso, entendemos que o conhecimento da capacidade e personalidade da natureza de cada um é distinto, difere da habilidade emocional para a reação de superação, o que observamos separadamente no comportamento humano em quatro situações: conservadora, moderada, arrojada e agressiva. Não no entendimento de aspecto financeiro, mas nos misteriosos caminhos do emocional de cada um de nós, analisadas de maneira individual:

- A personalidade de natureza **conservadora** atribui-se à pessoa de característica de extrema segurança emocional. **Não se arrisca**. Encontra-se separada e não tem pretensão de um novo relacionamento, vive feliz no aconchego da família e de poucos amigos, vive feliz (Zilda).

- A personalidade de natureza **moderada** atribui-se à pessoa de característica de segurança emocional relativa, existe possibilidade de um novo relacionamento, **arrisca-se**. Vive no aconchego da família, dos amigos na perspectiva de um relacionamento seguro, vive feliz na expectativa dos novos caminhos (Nívea).

- A personalidade de natureza **arrojada** atribui-se à pessoa de característica de segurança emocional, **assume relacionamento de risco** e se resguarda nas devidas proporções. Existe a diversidade emocional e de relacionamento com pouco ou grande risco. Vive no aconchego da família, dos amigos e no vai e vem dentro das relações afetivas de longa duração. No entanto, é flexível com o resultado final. Vive feliz na instabilidade do passado, sonhando com a possível estabilidade emocional do futuro (Johnny).

- A personalidade de natureza **agressiva** atribui-se à pessoa de característica emocional vulnerável, não se preocupa, **o risco é total**. Não há a mínima preocupação emocional de segurança e estabilidade para um novo relacionamento duradouro, vive o momento. Vive no aconchego da família, dos amigos e no balanço das incertezas que vão e vêm (Maria Helena).

Qual é a sua personalidade?

Referência:

PIECZYKOLAN, Eder. **As 3 fases da vida com sucesso**. 2ª edição. São Paulo: Letras do Pensamento, 2021, 226 e 281p.

Relação do espaço e do tempo após o casamento

Emprestamos um trecho do título *Espaço e o tempo* da obra de mesma autoria *As 3 fases da vida com sucesso*, o que reforça teoricamente a pretensão de entendimento sobre as dificuldades após a separação, com relação às frustrações das vontades e dos desejos que fizeram sofrer ocasionando dificuldades de aceitação para uma nova vida em um novo tempo.

O Espaço e o Tempo - "Já parou para pensar no tempo em relação ao espaço? O que teria a ver o objetivo deste livro com 'a teoria revolucionária da relatividade geral', desenvolvida por Albert Einstein, na ciência? Nada. Mesmo porque foge às características deste livro. No entanto, tem a ver com a fácil compreensão, no sentido filosófico e nos termos do vocabulário da língua portuguesa. O tempo é infinito em relação ao espaço, e nós, seres humanos, somos finitos. Buscar o lado filosófico da difícil compreensão da relação entre espaço e tempo não é fácil. Uma fusão, no sentido de demonstrar que a nossa vida é passageira e que as consequências do custo-benefício do que se pretende, neste pequeno espaço de tempo, devem ser consideradas. E, com isso, evitar frustrações e a perda de tempo precioso nas fases de nossas vidas. Afinal, nascemos sem saber de onde viemos e para onde vamos.

A princípio, estamos à mercê dos cuidados dos nossos pais, de acordo com a natureza humana. Ao contrário da mãe natureza, que envolve a terra, tudo provê e se organiza com sabedoria. A exemplo do reino animal, que se organiza na rusticidade de seu *habitat* de forma natural. Com o nascimento, a vida nos oferece um breve momento no contexto universal, considerando o nosso tempo de vida limitado, na grandiosidade do espaço ilimitado. Tudo se dá de maneira rápida, despertando alegrias, emoções e, principalmente, os deveres de cumprimento de metas e tarefas em todas as fases da vida, para a sobrevivência e a realização pessoal.

Com o passar do tempo, a humanidade aprimorou o convívio em sociedade e as necessidades para a satisfação do bem-estar do ser humano, no tempo relativo e no espaço de cada um. Afinal, a solenidade da nossa despedida é certa, só não sabemos quando. Pensar na vida com relação ao espaço e tempo nos incomoda e nos leva à incompreensão. Quando partimos, deixamos apenas um saldo de contribuição, negativa ou positiva, para a continuidade da vida no tempo dentro do espaço. Prova disso é a dura realidade dos belos cemitérios que, como se fossem majestosos jardins, disfarçam a realidade. Ao contrário, no subterrâneo da romântica cidade de Paris, na França, uma atração turística macabra exemplifica bem isso. No mundo subterrâneo, as galerias não são as da avenida mais famosa do mundo, a Champs-Élysées. As galerias surgiram na retirada de pedras para a construção de igrejas, entre elas a de Notre Dame, entre 1162 e 1345. Em 1760, por necessidade, utilizaram as galerias, nasceram a Praça do Inferno, as Catacumbas, um ossuário, uma rede de túneis por quilômetros, iluminado com lâmpadas amareladas, com seis milhões de esqueletos expostos, retirados dos cemitérios por superlotação, reunidos por partes, separados na acomodação que convém, uma tíbia aqui, um fêmur acolá. Exposição de crânios humanos, abandonados, sem nome, sem origem; igualmente, as pessoas vivem abandonadas hoje, candidatos ao descaso no amanhã. O conforto, poemas e a identificação de placas de origem dos cemitérios, os corpos vieram, as lágrimas permaneceram. Assim o significado da vida com relação ao tempo e ao espaço, amanhã não seremos nem ao menos estatística. O tempo e o espaço são os verdadeiros soberanos, mantenedores do universo por todos os tempos. E nós, maravilhosamente, a poeira passageira num ponto azul no espaço, a Terra. No entanto, essa introdução dramática é real e verdadeira. O tempo e o espaço trazem a consciência da importância de cada um de nós no seu lugar e a contribuição para o bem-estar comum, uma contribuição individual, positiva ou não. Com zelo e cuidado na proporção da necessidade do suficiente do bem material, com relação ao que se pretende. É preciso ter consciência de que as realizações não devem ser apenas de caráter pessoal, o interesse na coletividade é fundamental, pois sem ela nada prospera e você também ficará para trás. O olhar deve se voltar para o próximo, longe dos exageros do egocentrismo. Afinal, temos de ter consciência do quanto somos insignificantes com relação à grandiosidade do universo, não há por que ser indiferente, somos pequenos, somos passageiros com relação ao tempo, e, quando partirmos, ficaremos à mercê da espiritualidade eterna em nome de Deus, no espaço ou expostos em uma galeria.

Portanto, em primeiro lugar: em determinadas situações, é melhor esquecer o passado, ele não muda, está feito, foi ontem, resta o aprendizado. Afinal, quando se planta uma árvore frutífera, a expectativa é de boa colheita de frutos no futuro. Em segundo lugar: viva intensamente o presente, buscando antecipadamente os resultados na prevenção do futuro. Dele nada se sabe, mas pode ser influenciado positivamente a seu favor. Então, sempre que pretender alcançar algo, faça uma projeção para o futuro, viaje no fundo da sua imaginação, como se fosse um doce delírio. Quando se alcança o que se pretende, às custas de certo planejamento no passado, torna-se presente. Com isso, uma nova projeção para o futuro, um novo resultado, torna-se novamente o presente. Assim, ocorre um ciclo vicioso, sucessivo, e não necessariamente negativo. O futuro e o tempo, com relação ao espaço, estão sempre à nossa frente. O tempo de vida é incerto e a única certeza é de que amanhã seremos definitivamente passado. De certa forma, resta-nos o eterno agradecimento ao Pai supremo, razão de tudo, que nos deixou na incompreensão dos seus mistérios, o que lhe garante a segurança da nossa fé e, de certa forma, faz verdadeiramente valer a pena.

Enfim, fazemos parte do espetáculo da vida, mesmo com as atribulações de difícil compreensão. As contrariedades e dificuldades que se opõem na suposta caminhada serena, na aclamada terra santa, não são justas. Há uma única oportunidade: a vida!"

Contudo, atribuo a necessidade de conscientização à relação do seu tempo no espaço. A questão é dramática, a estatística da idade média relativa do homem não é folclore ou ficção, é fato. Oscila um pouco para cima, porém não se supera. Com isso, a suavidade da compreensão para os benefícios das satisfações das suas últimas vontades, com um novo casamento ou não necessariamente. Eis a questão da personalidade de cada um! Qual é a sua personalidade? Essa resposta é possível, está na compreensão da sua vontade e identificação quanto à sua natureza. A sua escolha está ao alcance dos questionamentos filosóficos de todos os tempos com relação ao espaço, é compreensiva. Ao contrário dos mistérios em busca insana das perguntas filosóficas sem respostas. Por exemplo: de onde viemos e para onde vamos? Diferentemente das incógnitas da filosofia, existe a certeza da resposta imprecisa do tempo de vida, da sua vida. Por isso, viva a vida intensamente, realize todos os seus sonhos, por mais infantis que possam ser, dentro do tempo e espaço obscuro que lhe for concedido.

Referência:

PIECZYKOLAN, Eder. O espaço e o tempo. In: **As 3 fases da vida com sucesso**. 2ª edição. São Paulo: Letras do Pensamento, 2021, 27p

Amadurecimento

Devemos saudar com alegria e com novas expectativas a vida, a serenidade da alma, longe de qualquer orgulho pretensioso, sem o amadurecimento não cabe. Mas sim os encantos em busca das satisfações que agradam ao coração. Com a idade, a sabedoria e a certeza das realizações com dignidade. A mensagem poética da escritora Elaine Matos manifesta em sua escrita, no trecho do artigo *De repente*, algumas verdades, com certo grau de tristeza e melancolia. Declama assim: *"De repente tudo vai ficando tão simples que assusta. A gente vai perdendo as necessidades, antes fundamentais e que hoje chegam a ser insignificantes. Vai reduzindo a bagagem e deixando na mala apenas as cenas e pessoas que valem a pena. As opiniões dos outros são realmente dos outros, e mesmo que sejam sobre nós, não têm importância. Vamos abrindo mão das certezas, pois já não temos certeza de nada. E isso já não faz a menor falta. Paramos de julgar, pois já não existe certo ou errado e sim a vida que cada um escolheu experimentar. Por fim, entendemos que tudo que importa é ter paz e sossego, é viver sem medo, é fazer o que alegra o coração naquele momento. E só"*. Respeitamos, porém entendemos que a vida deve ser festejada, bonificada e anunciada com agradecimento aos quatro cantos. A simples razão, o mérito de estar aqui, agradecer e brindar pela oportunidade da vida em todas as idades. Afinal, poucos a têm com os benefícios da saúde e/ou das finanças. Assim, o convencimento das atribulações do relacionamento do casamento que não deu certo. Frisa, entretanto, acertadamente a poetisa: *"Paramos de julgar, pois já não existe certo ou errado e sim a vida que cada um escolheu experimentar"*. A vida nos oferece o direito e o livre-arbítrio, salvo exceções, na formação ainda juvenil, a incerteza e os cuidados para exercer a livre escolha profissional e de relacionamento. No amanhã, se o resultado for negativo, naturalmente não escolheu que fosse assim. Mas, por consequência dos caminhos sinuosos que encontramos nas sombras do desconhecido, um dia acreditou ser o melhor para si. Portanto, as benesses da vida jamais deverão ser condicionadas por aquilo que passou e não deu certo. Eis a razão do aprendizado pelo caminho que ficou para trás, o amadurecimento há de prevalecer, enriquecer a vida com a plenitude dos benefícios do bônus. Viver naturalmente como se estivesse em **férias permanentes**. Alegrar-se e correr os riscos dos desígnios da vida, uma nova porta entreaberta de satisfação, com os mesmos riscos de novos tropeços.

Referência:

PIECZYKOLAN, Eder. **As 3 fases da vida com sucesso**. 2ª edição. São Paulo: Letras do Pensamento, 2021, 280p.

MATOS, Elaine. **De repente**. Disponível em: <https://pensador.com/frase/MTk0Njg1Mw/>.

A genialidade de um novo amor

Como o renascer de um novo dia, o desabrochar de uma flor, cabe a oportunidade em cada novo momento, uma nova vida. Um novo pensamento, a força de se encontrar com um novo começo, com criatividade, a transformação, não mais com as inspirações inerentes ao **Antes** do casamento, mas com a fé nos desígnios inerentes ao seu merecimento. O fortalecimento está na experiência de saber do que é capaz e da sua necessidade. No entanto, quando criança, lampejos em métodos de aprendizado são necessários para a boa condução da educação e, por consequência, da formação. Agora, não admita zona de conforto e muito menos o pensamento de desilusão pelas incorreções do passado, os erros são os alicerces para a construção do futuro. Seria um desperdício. A genialidade humana não admite acomodar-se, está à sua disposição para inovar, buscar novos afazeres sem medo de errar, pela arte, música, escrita, culinária, aprender o imaginável; especificamente o encontro ou reencontro de um novo amor, um novo casamento. Você ainda se lembra das desventuras da imaginação do passado, o olhar maroto, a vontade de estar perto daquela pessoa que despertou o seu primeiro amor ao avistá-la no recreio dos corredores do colégio, no saguão do edifício, nas calçadas das corrutelas ou na vizinhança, a lembrança do que ficou para trás, quis viver e talvez não conseguiu. Do passado restou a memória que nunca esqueceu. Assim, pode ter sido você que esteve dentro da vida de quem jamais se esqueceu de quando, ainda muito jovem, despertou o primeiro amor.

A genialidade humana não está apenas em novas descobertas de afazeres, seja por conta do dom, talento ou mesmo por nova habilidade. Está na vontade dos genes e dos seus cromossomos, despertar para novidades e recomeçar. Só não temos o que não desejamos, esse é o primeiro passo.

A genialidade humana está incrivelmente à disposição, não apenas com base na experiência trazida pelo tempo com as marcas das rugas no rosto querendo condenar. Está no coração que não envelhece, persiste em sobrepor os encantos do amor. Assim, entre as descobertas da criatividade e a busca serena do aconchego do coração, mais uma vez a tentativa de ser alvejado, alvejada, pelo cupido, sem medo de errar e consciente das incertezas.

Na busca por um novo vínculo de relacionamento estável, devem ser levados em consideração todos os procedimentos desse novo apego. É de conhecimento que a separação tem como caráter essencial a dor. Os riscos pela instabilidade emocional da separação anterior podem querer naturalmente buscar as mesmas características do relacionamento passado. Lembre-se! Se não fossem as adversidades do relacionamento acabado, não haveria a separação. Portanto, as cautelas dos "requisitos" são de fundamental importância e observação. Todas as manifestações das suas necessidades devem ser correspondidas. Vejamos: conhecer as qualidades, o caráter, saber e admitir os defeitos, intimidade sexual, confiança, a capacidade de absorver as alegrias e também o sofrimento. Enfim, a "certeza" da sensação de sentir-se completo. Não se adquire uma peça de roupa nova de número menor pensando em fazer regime para usá-la, primeiro temos a certeza da adaptação exata, senão o risco de repetir o mesmo erro do primeiro casamento será inevitável. Não acredite em adaptação, a natureza humana é dada à coletividade, o amor é individual. Nesta fase, para um novo casamento, a experiência deve prevalecer, temos os nossos modos e princípios, mudá-los pode não ser uma boa ideia, acomodar uma situação apenas para não estar só. Como se fosse o resumo da ópera, primeiro é preciso ter a consciência da certeza em busca da autoconfiança, fortalecer a supremacia do seu verdadeiro eu. Assim, não haverá insegurança para uma nova escolha. Às vezes, com o pensamento focado no encontro de alguém para a continuação da vida no futuro a dois, o que se procura pode estar ao seu lado ou lá no passado, anterior ao seu último casamento.

Um exemplo da vida real, um breve relato memorável do reencontro do amor de **Rosely**. No passado, ainda muito jovem, loira de cabelos longos, os olhos azuis como reflexo celestial dos céus, na escola secundária de nome Princesa Isabel. A incompreensão de uma verdadeira amizade, atitudes de docilidade prestativas e olhar sempre manso do amigo e funcionário das terras de seu pai. **Ramyro**, um amor proibido. O celeiro da fazenda que acolhia o feno, sem objeção, acolheu o amor de Rosely e Ramyro. Entregou-se, foi à paixão na luz da escuridão, seus pais não admitiam, sabe-se que a verdadeira origem de etnia no Sul do Brasil não é a pele branca! Em razão disso, por preconceito, contrariados, os pais buscaram novos caminhos, levaram-na para outras terras distantes do Sul, para as terras pantaneiras e alagadas do Centro-Oeste. Acabou por contrair núpcias com o filho de família nobre de pele clara. Aceitou as condições por ausência do verdadeiro amor, mas estava grávida de Ramyro. O jovem, seduzido pela beleza de Rosely, não fez questão da sua pureza. Casou-se contrariada, apenas para a satisfação de seus pais. Naqueles tempos, não muito distantes, a virgindade era requisito para as núpcias, ainda moça se entregara no celeiro que aconchega o feno dourado. Rosely, próxima aos quarenta anos de idade, separou-se e, com a filha Clara, retornou em busca do seu verdadeiro amor.

Por tudo que paira nas incertezas das tentativas de acerto na vida, resta-nos a individualidade para chegar à livre e consciente escolha, resistir ou pôr influência não traz bons frutos. É preciso trazer das dúvidas, que geraram os erros do passado, a bagagem de experiência para os acertos no presente e saber usufruir com maestria no futuro. Uma análise profunda do momento que ficou para trás, como o exemplo de Rosely, que retornou em busca de seu verdadeiro amor do passado, com a certeza do equilíbrio para o resgate da sua primeira e única escolha, consciente e sem interferências.

Não devemos nos esquecer de que as más lembranças do passado geram pensamentos crônicos no subconsciente, o pensamento se torna uma obsessão, a obsessão se torna uma vontade intransponível. Cuidado com a vontade cerceada, ela muda ou interfere negativamente no futuro. Lembre-se! Só se vive uma vez.

Questão financeira no novo casamento

A vida intempestiva do antes e as incertezas durante o casamento contribuíram para a separação, trouxeram, já ao entardecer da idade, a realização dos sonhos de encontrar a sua nova cara-metade.

A separação com pouca ou mais idade, à boa luz, traz o benefício da realização dos sonhos do segundo casamento seguro e feliz até mesmo na terceira idade. Por que não? Esta condição não pode ser vista como exceção, ao contrário, mas sim como uma situação saudável e circunstancial. Porém, os cuidados devem ser observados, frustração não faz bem em tempo algum, agora menos ainda. Vejamos não no campo teórico, mas na realidade do que pode ser vivido nesta relação já ao entardecer da vida.

Seria utópico, sabendo de que enquanto há vida, há esperança. No entanto, alimentar e fortalecer as mesmas vontades do início do casamento anterior, no sentido financeiro, pode ser um caminho sinuoso e controverso se não observado. Devemos considerar que a construção financeira, o desejo da prole familiar aconteceu anteriormente, não é regra, mas normalmente é o que acontece ou se procura. O tempo não para, segue sempre em frente despreocupado com os seus objetivos. A brevidade da relação entre o tempo e o espaço é sua, não dele. Por isso, muito tenho visto para a sustentação desta escrita, que o novo relacionamento deve ser independente da pretensão de estabilidade financeira, o que deveria ter ocorrido no passado, às custas de muito suor e trabalho, no relacionamento anterior. A condição eficaz de cada um deve prevalecer. Naquele momento, não necessariamente, a família anterior deve ter gerado fruto econômico e os filhos. Essa relação é, no mínimo, constrangedora, a separação nem sempre acontece e se mantém como se fosse um mar de rosas com a família anterior, permanece o vínculo eterno com os filhos e a ex-mulher. Ter a consciência de que neste momento o que se busca é a satisfação do coração, a companhia ideal para os prazeres e benesses da vida. Muito tenho visto, com o passar do tempo, a manutenção de desajustes após a separação, com relação ao patrimônio adquirido se tornar a causa de atropelo no decorrer de toda a existência de ambos os ex-cônjuges. Apesar de separados, a confusão permanece, alheia à vontade deles, mas por interferência dos filhos. Isso ocorre devido ao distanciamento dos filhos em detrimento do pai ou da mãe. Normalmente, é mais frequente em detrimento do pai, pela guarda dos filhos ter ficado com a mãe.

Contudo, é preciso ter a consciência de que, com a idade avançada, nem sempre a luz do novo casamento sorri para todos, seja nas condições de separado ou por viuvez. A escolha a critério da individualidade, no caso do viúvo, muito também se vê a liberdade de viver na lembrança do bom relacionamento e na expectativa do encontro na vida eterna, sem requisitos.

Liberdade para viver só

A sociedade dita o sabor do gosto amargo, a escolha de se viver por conta da sua natureza e personalidade livre, talvez pelo peso da própria falta de coragem, a unanimidade normalmente não é inteligente o suficiente para a compreensão de viver só e feliz. No passado, quem se atrevesse era tachado com preconceito, viver sozinho era visto como atrevimento e desajuste da ordem social, tanto para o homem como para a mulher. Nesses novos tempos, já não há mais este incomodo, a liberdade prevalece, salvo o direcionamento pessoal por influência da educação tradicional. A liberdade de escolha se acentua em detrimento e objeção ao conceito da preferência individual por vários fatores, entre eles, profissional ou, propriamente dita, a liberdade do direito de ir e vir e pensar. Neste sentido, o filósofo polonês Arthur Schopenhauer opinou pelas suas próprias razões, em detrimento da mulher, viver solteiro por toda a sua vida (assunto exposto no capítulo anterior, no título *Pessimismo*).

Com a separação, o privilégio da livre escolha prevalece de forma segura, no passado foi solteiro, casado, agora separado, resta-lhe a experiência para saber onde enfiar, adequadamente, o seu nariz. Há quem enalteça as dificuldades de se viver sozinho, atribuem questões básicas de comodismo como, por exemplo, a organização do cotidiano dentro de casa, roupa limpa e comida à mesa, sendo casado. Nestes termos, admitamos ser um pensamento pequeno, até mesmo um ato de covardia, sacrificar a liberdade por uma situação inferior, como se a sua cara-metade fosse uma secretária doméstica.

Na balança está a escolha entre ser solteiro, casado ou se manter separado. Na dúvida, fique com os sabores do título *Os mistérios da noite I*, que bem retrata os prazeres da liberdade daquele momento antes do casamento, como solteiro.

Poucos têm a coragem de manifestar a sua verdadeira pretensão com relação à vida, na escolha de se manter solteiro desde antes do casamento ou, após a separação, manter-se separado. Sempre tenho exposto que somos diferentes e viemos de lugares diferentes, portanto as vontades são diferentes. Na consciência está que, na liberdade de ser solteiro ou separado, os prazeres podem ser facilmente levados à sua realização, não há impedimento da execução dos seus projetos ou atitudes de livre e espontânea vontade para com você mesmo. Manter-se oprimido pela promessa feita em frente ao altar, até que a morte os separe, não se justifica, você é livre. As vontades também se diferem na natureza do relacionamento a dois ser duradoura ou não, na tradição do casamento. Viver solteiro, longe também dos dogmas da Igreja e da sociedade, em relacionamentos curtos e apaixonados, não vejo mal algum, ao contrário, impulsiona, se não no aspecto financeiro que tantos dizem interferir, como alega Arthur Schopenhauer, a mulher ser um peso, o que pessoalmente não acredito, porém, afirma: *"quem procura paz, que evite a mulher, fonte perpétua de conflito e dor de cabeça"*.

Ao contrário, entendemos que é na alegria do entusiasmo do coração que se vive a verdadeira emoção ao lado da mulher, não há preço. Por outro lado, admitir covardia para a não realização dessa satisfação pessoal de estar solteiro, desde sempre livre ou manter-se separado, este desejo, naturalmente, está na segurança e na própria certeza dos acertos de que no futuro não haverá arrependimento. Se for separado, esse questionamento não deve ser mais considerado, salvo a natureza individual que deve prevalecer na escolha, manter-se sozinho ou não. O equilíbrio emocional dará a reposta para a satisfação plena de viver a seu gosto as verdadeiras delícias da vida. No entanto, se houver dúvida, seja bravo. Muitos resistem ao caminho da liberdade plena devido às incertezas do envelhecimento do corpo, ao medo de estar desacompanhado e solitário na velhice. Porém, atente-se aos cuidados para não estar sozinho, mesmo com a nova opção de estar novamente casado, saiba que a verdadeira realização está na plenitude do momento que se vive satisfeito e feliz no presente, e não na incerteza do que ainda está por vir e acontecer. O preço pode ser alto! Você tem capacidade emocional de, após a separação, viver só?

Concluímos este título com a experiência e as belas palavras de **Yara Regina Ribeiro**, separada, poetisa, responsável e avoada "vovó" de 60 anos, que fortalece o entendimento da autoconfiança, liberdade e segurança de se viver só, e disse assim:

"Um papo reto e direto comigo mesma. As palavras andam escassas por aqui. Em com-pen-sa-ção, abundantemente das melhores sensações e sentimentos. Tempos de cuidar de mim. Por dentro e por fora.

Compare-se com aquilo que você tem de mais bonito e que de alguma forma se perdeu com o tempo. Ame a sua loucura e defenda aquilo que você acredita. Autenticidade faz parte do amor próprio; é preciso ousadia para sermos nós mesmos em uma sociedade que valoriza padrões.

Tudo sempre fica bem! Às vezes nem percebemos o momento em que 'deixamos pra lá', mas a sensação de leveza, sem dúvidas, vamos perceber.

Que orgulho de você! Feliz é você 'dona moça', que pega o que restou do passado e transforma em poesia e superação".

Referência:

SCHOPENHAUER, Arthur. **A arte de conhecer a si mesmo**. 2ª edição. São Paulo: Martins WMF Fontes Ltda, 2019, 47p.

Luto sexual masculino

Com tudo o que foi alegado nos títulos deste livro, neste ponto resta o diálogo consigo mesmo, a sustentação das suas vontades, com relação aos seus desejos após a separação. As lembranças dos tempos do **Antes**, quando solteiro, o sexo acontecia de maneira irreverente, ao sabor dos prazeres e da rebeldia. Mais tarde, no tempo do **Durante**, o privilégio da relação sexual com a pessoa amada, porém nos melindres sinuosos do casamento. Agora, na fase do **Depois**, talvez com mais idade, com o fim do casamento por separação ou outras situações, a falta de desejo sexual hipoativo, por viuvez, baixo nível de testosterona, andropausa, acidente, doença e estresse profissional que interferem na libido ou mesmo no caso de mau relacionamento quando casado, a abstenção sexual. Para que não haja sofrimento e a necessidade da manutenção da sua saúde, pratique sexo.

Observe o que você fez e deixou para trás, presenteie-se com o tempo único e exclusivo para você fazendo sexo. O desuso do pênis compromete a saúde. Considera-se que na vida normal, o pênis se mantém flácido por longo tempo, raras as exceções, fica ereto apenas no momento do ato sexual, nas ereções noturnas e/ou matinais, que ocorrem em benefício da irrigação sanguínea. A erotização oxigena e irriga o músculo cavernoso quando ocorre a ereção, o pênis fica ereto, o que faz bem. A consequência dessa disfunção erétil, a falta de uso do pênis, gera fibroses, nódulos e placas no órgão sexual masculino. Com isso, conclui-se que a falta de atividade sexual por desuso contribui para a impotência e ocasiona doenças.

Façamos uma sinopse, um breve relato no conceito de Steve Biddulph, visto anteriormente, que traz o lado positivo de tudo que envolve a testosterona, a energia criativa, o gosto pela competição e a vontade de proteger, que resulta numa vida sexual ativa e feliz. Porém, alega: *"ao passar dos quarenta, seus níveis de testosterona sofrerão um declínio lento e gradual. Haverá dias em que ele nem vai pensar em sexo"*. Entendemos que o desinteresse acontece por falta de cuidados básicos com a saúde, especialmente hormonal, provocando o declínio. Ao contrário, com zelo, exercícios físicos e auxílio médico evita-se o declínio sexual, tendo em vista que a experiência prevalece à relação sexual com glamour, dos 40 aos 80 anos. Considerando o sexo ser instintivo, o toque, a sensualidade fazem facilmente despertar a libido. Por isso, naturalmente a necessidade sexual em qualquer tempo, independentemente da idade e das circunstâncias: viúvo, separado ou mesmo idoso. Essa exigência fisiológica evita a morte sexual masculina, traz alegria, satisfação e principalmente o benefício da saúde. Se esse ponto de vista contraria o conceito social do politicamente correto, brindemos a vida no conceito do politicamente incorreto, de mãos dadas com os prazeres da vida, lamber também até os dedos dignamente entre quatro paredes ou no campo, com a outra parte, na relação sexual consensual, a todo vapor. Ainda quando alega que após os quarenta anos *"haverá dias em que nem vai pensar em sexo (...), estará mais maduro e ponderado"* Pasme!, o homem, salvo exceções por motivos de abstinência elencados anteriormente, dentro dos conceitos de masculinidade ou pelos meus pensamentos, não pensar em sexo é fugir da racionalidade, é não admitir o imaginário da sensibilidade sexual feminina. Por circunstâncias de saúde ou outra qualquer, penso que tudo pode esperar sem aflição, menos o sexo.

Referência:

BIDDULPH, Steve. **Criando meninos**. São Paulo: Editora Fundamento Educacional Ltda., 2005, 38-43p.

Perto do fim

Ah, os sonhos! As saudades e as inspirações. Assim que é! Dos encantos e desencontros do amor, como a rosa tem perfume, tem as pétalas, até a cor vermelha que simboliza o amor. No seu caule tem espinhos, a suavidade da ternura que se vê também machuca e faz sofrer.

Assim, com o passar dos anos, com experiência e em qualquer momento, se preferir um novo relacionamento, tem o desprendimento das armadilhas da paixão. Se despertar o amor incondicional da companhia que pensa ser para todos os tempos, com o brilho da satisfação do amor eterno, entregue-se e seja feliz.

No antes, no início, na jovialidade, o olhar sereno que avistou de longe, trouxe para perto de si mesmo o que desejou e sentiu o gosto da carne, o perfume da pele, atraiu e acabou por unir e viver os sonhos.

No durante, no caminho, suportaram juntos as intempéries dos ventos sombrios, como se não bastasse, a neblina trouxe a inquietude junto com as dificuldades do amadurecimento e do amor. Com as incertezas das conquistas imagináveis, chegou até aqui e, cordialmente, o que antes era dúvida (no momento do casamento), trouxe a realização de uma vida plena e a certeza do cumprimento do enlace prometido, até que a morte os separe. A vida é bela, porém finita. Viva intensamente.

No depois, na última parte da jornada, com o resultado da separação no meio do caminho, a consciência de que esse resultado foi fruto da própria escolha do passado. A dificuldade está em acertar e saber aceitar dividir o tempo com as fases e os fatos acontecidos. A vida é assim! Sobre os erros não há culpa, mesmo os cometidos por omissão da boa escolha, não somos detentores de uma bola de cristal ou muito menos somos videntes. Porém, apenas resignar-se não justifica. Talvez neste momento imagine que a jornada da vida termine assim. Não! Não é o fim. Acredite como um sinal de novos tempos. Não viva no passado, não se preocupe com o futuro, viva intensamente o presente, nas condições de separado. Não procure, mas também não se deixe abater pela solidão, talvez um dia, em qualquer lugar, nos caminhos da vida, encontre naturalmente a sua outra cara-metade, em um circo um palhaço feliz, nas calçadas do mundo ou do outro lado da sua rua em um dia qualquer, se não correndo da chuva, dançando e cantando na chuva, à moda de Gene Kelly, à sua espera.

Antônio Pedro Alcântara (Campo Grande – MS)

A Morte fica para depois

O sonho evita a morte e traz a vida. A alegria da alma sustenta-se ironicamente na certeza da morte ou do impossível. Sabe-se que dessa água um dia não mais beberá; do amanhecer ao crepúsculo não mais viverá. Por isso, o nascimento é o prelúdio da morte, faça a vida valer a pena desde o antes, o durante e o depois do casamento com quem amar e lhe convier. Considere que o casamento é um momento de estar ou não feliz. A vida é assim, não há felicidade ou tristeza permanente. Nas incertezas do antes do casamento, as atribulações do durante que pensava fazer sofrer, era o caminho a ser percorrido naturalmente. Agora, a certeza das boas perspectivas que o fez chegar até aqui. As incertezas não eram sofrimento, eram a vida designada para você pelas suas ações e suas escolhas. Segundo Platão, *"o melhor da vida, às vezes era melhor não ter nascido; já que nascemos, buscar o equilíbrio entre a razão e os prazeres"*.

Ah! Os prazeres. Das delícias da vida, como doce delírio em caldas, lamber os dedos. Do início da luz, desde o ventre, à escuridão da morte, estão à disposição as belezas da criação. As oportunidades estão em todas as coisas e em todos os lugares, o poder está em você. A vida não é fácil para ninguém, o mundo castiga, a realidade não é muito menos ou mais que um filme de ficção, que sempre busca um final feliz.

Atrevo-me a terminar este livro com as sábias palavras do ator Sylvester Stallone, no filme *Rock Balboa*, onde demonstra que o poder de superação é o que realmente importa, disse assim:

"Eu vou dizer o que você já sabe: o mundo não é um grande arco-íris, é um lugar sujo, cruel, que não quer saber o quanto você é durão, vai botar você de joelhos e você vai ficar de joelhos para sempre se você deixar. Você! Eu! Ninguém vai bater tão duro como a vida, mas não se trata de bater duro, trata-se de quanto você aguenta apanhar, seguir em frente, o quanto você é capaz de aguentar e continuar tentando. É assim que se consegue vencer. Agora, se você sabe o seu valor, então vá atrás do que você merece. Mas tem que ter disposição para apanhar. E nada de apontar dedos, dizer que você não consegue por causa dele ou dela ou de quem seja. Só covardes dizem isso e você não é covarde. Você é melhor do que isso".

Essas palavras nos fazem refletir, devemos entender que somos um milagre para reinventar e buscar as nossas realizações, em qualquer atribuição que a vida exigir: no acasalamento, o casamento; na separação, as emoções transcendem os mistérios do amor e se renovam. As dificuldades são inerentes às nossas escolhas, agora temos a vida, a morte fica para depois...

Fim!

Frases do Autor

- O homem nasce, cresce, casa e depois começa correr atrás da felicidade. Era feliz e não sabia.

- Sou um idiota feliz porque tenho amigos que confiam em mim.

- A racionalidade humana não é para todos, somos inteligentes, por isso não devemos acreditar em tudo que lemos ou ouvimos em busca da felicidade.

- A liberdade não está na rispidez da própria vontade, está na suavidade de entender a vontade do outro, na sua confiança.

- Para a consciência, o mau julgamento condena, não absolve.

- Não tenha medo da morte, tenha pena.

- A alegria da alma sustenta-se ironicamente na certeza da morte.

Referências

Agência IBGE Notícias. Disponível em: <https://agenciadenoticias.ibge.gov.br>.

AMADO, Jorge. **Gabriela, cravo e canela**. 45ª edição. São Paulo: Livraria Martins Editora S.A., 1972.

ARISTÓTELES. **Ética a Nicômaco**. 1ª edição. Jandira/SP: Editora Principis, 2021.

AZEVEDO, Sarah Fernandes Lino de. **O adultério, a política imperial, e as relações de gênero em Roma.** São Paulo, 2017. Disponível em: <https://www.teses.usp.br/teses/disponiveis/8/8138/tde-26102017-115352/publico/2017_SarahFernandesLinoDeAzevedo_VCorr.pdf>.

BERNE, Robert M. **Fisiologia**. 5ª edição. Rio de Janeiro: Elsevier Editora Ltda, 2004, 888p.

Bíblia. Português. Nova Bíblia Pastoral. São Paulo: Paulus, 2014: Antigo Testamento. Êxodo, Cap. 20, versículo 14

BIDDULPH, Steve. **Criando meninos**. São Paulo: Editora Fundamento Educacional Ltda., 2005.

Brasil Escola. Disponível em: <https://brasilescola.uol.com.br>.

Correio do Estado, 30/09/22. Número 21.918, folha 6.

COULANGES, Fustel de. **A cidade antiga**. 1830-1889. São Paulo: Martin & Claret, Série Ouro 2.

GIKOVATE, Flávio. **O mal, o bem e mais além**. 10ª edição. São Paulo: MG, 2005.

GZH. Disponível em: <https://gauchazh.clicrbs.com.br/>.

JUSBRASIL. Disponível em: <https://jmarchiote.jusbrasil.com.br>.

MANSO, Gilberto Costa; BOMENY, Helena. **Veredas de Brasília**. Disponível em: <https://doi.org/10.1590/S010459702012000300015>.

MARQUES, Heitor Romero. **Migração e desenvolvimento local a escala humana: Campo Grande em foco**. Campo Grande/MS: Gráfica Mundial, 2014 (Cabral, 1999, p. 40).

MATOS, Elaine. **De repente**. Disponível em: <https://pensador.com/frase/MTk0Njg1Mw/>.

MOREL, Lucia. **MS lidera casos de estupro de crianças no Brasil**. Campo Grande News. Disponível em: <https://www.campograndenews.com.br/brasil/cidades/ms-lidera-casos-de-estupro-de-criancas-no-brasil>.

Mundo Educação. Disponível em: <https://mundoeducação.uol.com.br>.

National Library of Medicine. Disponível em: <https://www.ncbi.nlm.nih.gov/pmc/articles/PMC2016393/>.

NETTO JUNIOR, Nelson Rodrigues. **Urologia I**. 1ª edição. São Paulo: Editora Roca Ltda, 1986.

NIETZSCHE, Friedrich. **A gaia ciência**. Tradução: Antônio Carlos Braga. São Paulo: Lafonte, 2020, 83p.

NÓBREGA, Manuel da. **Carta 30**. Volume I. São Paulo: Instituto Histórico e Geográfico de São Paulo, 1970. 39.p

PEREL, Esther. **Sexo no cativeiro**. 1ª edição. Rio de Janeiro: Objetiva, 2018.

PICHEL, Mar. **Por que tantos alemães estão migrando para o Paraguai**. BBC News Brasil. Disponível em: <https://www.bbc.com/portuguese/internacional-61196964>.

PIECZYKOLAN, Eder. **As 3 fases da vida com sucesso**. 2ª edição. São Paulo: Letras do Pensamento, 2021.

Politize! Disponível em: <https://www.politize.com.br/>.

PORTAL SÃO FRANCISCO. Disponível em: <www.portalsaofancisco.com.br>.

PREFEITURA DE MARECHAL DEODORO. Disponível em: <https://www.marechaldeodoro.al.gov.br>.

SCHOPENHAUER, Arthur. **A arte de conhecer a si mesmo**. 2ª edição. São Paulo: Martins WMF Fontes Ltda, 2019.

Terra. **Milhares de albaneses fogem rumo à Alemanha em busca da "terra prometida"**. Disponível em: <https://www.terra.com.br/noticias/mundo/europa/milhares-de-albaneses-fogem-rumo-a-alemanha-em-busca-da-terra-prometida,068a95e50381d410VgnCLD200000b2bf46d0RCRD.html#:~:text=A%20Alb%C3%A2nia%2C%20uma%20das%20na%C3%A7%C3%B5es,pa%C3%ADs%20em%20mar%C3%A7o%20deste%20ano.>.

Vida & Ação. Disponível em: <https://www.vidaeacao.com.br/>. Publicado em: 18 de junho de 2020.

Wikipédia. Disponível em: <https://pt.m.wikipedia.org>.

LETRAS Jurídicas

Letras do Pensamento

QUEM SOMOS

As **Editoras LETRAS JURÍDICAS** e **LETRAS DO PENSAMENTO**, com 24 anos no mercado Editorial e Livreiro do país, são especializadas em publicações jurídicas e literatura de interesse geral, destinadas aos acadêmicos, aos profissionais da área do Direito e ao público em geral. Nossas publicações são atualizadas e abordam temas atuais, polêmicos e do cotidiano, sobre as mais diversas áreas do conhecimento.

As **Editoras LETRAS JURÍDICAS** e **LETRAS DO PENSAMENTO** recebem e analisam, mediante supervisão de seu Conselho Editorial, artigos, dissertações, monografias e teses jurídicas de profissionais dos Cursos de Graduação, de Pós-Graduação, de Mestrado e de Doutorado, na área do Direito e nas demais áreas técnicas e universitárias, além de obras na área de literatura e de interesse geral.

Na qualidade de Editora Jurídica e de Interesse Geral, mantemos uma relação em nível nacional com os principais Distribuidores e Livreiros do país, para divulgarmos e distribuirmos as nossas publicações em todo o território nacional. Temos ainda relacionamento direto com as principais Instituições de Ensino, Bibliotecas, Órgãos Públicos, Cursos Especializados de Direito e todos os segmentos do mercado.

Participamos também de **Feiras Nacionais e Internacionais**.

NOVIDADE!!! O(a) Autor(a) da LJ/LP terá uma página exclusiva para inserir sua biografia, fotos, vídeos e artigos de sua área e textos em geral, para interagir com o leitor e ganhar maior visibilidade no mercado.

Na qualidade de editora prestadora de serviços, oferecemos os seguintes serviços editoriais:

- Análise e avaliação de originais para publicação;
- Redação, revisão, edição e preparação de texto;
- Assessoria técnica editorial;
- Cadastro do ISBN – CBL e SNEL;
- Ficha catalográfica – CBL e SNEL;
- Design e montagem de arte de capa;
- Digitação e diagramação de textos;
- Direitos Autorais: consultoria e contratos;
- Elaboração de sumários, índices e índice remissivo;
- Fotografia e escaneamento de material fotográfico;
- Gráfica: pré-impressão, projetos e orçamentos;
- Ilustração: projeto e arte final;
- Audio-Books;
- Livro Digital: formatos E-book e Epub;
- Organização de lançamentos, eventos, palestras e workshops;
- Pesquisa Editorial CBL e SNEL;
- Peças Publicitárias para divulgação: banner, cartaz, convite de lançamento, folheto, marcador de página e material de apoio em geral.

Nesse período, as Editoras exerceram todas as atividades ligadas ao setor Editorial/Livreiro do país. É o marco inicial da profissionalização e de sua missão, visando exclusivamente ao cliente como fim maior de seus objetivos e resultados.

"NOSSAS MARCAS MOSTRAM AS LETRAS DO FUTURO"
O EDITOR

As Editoras reproduzem com exclusividade todas as publicações anunciadas para empresas, entidades e/ou órgãos públicos. Entre em contato para maiores informações.

Nossos sites: *www.letrasjuridicas.com.br* e *www.letrasdopensamento.com.br*
E-mails: *comercial@letrasjuridicas.com.br* e *comercial@letrasdopensamento.com.br*
Telefone/fax: (11) 3107-6501 – 99352-5354